Faut-il brûler Pouchkine ?

Victoire Feuillebois

Faut-il brûler Pouchkine ?

CNRS ÉDITIONS
15 rue Malebranche - 75005 Paris

Ouvrage publié avec le concours :

de l'UR 1340 GEO « Groupe d'études orientales, slaves et néo-helléniques » de l'Université de Strasbourg »

UR 1340 Groupe d'études orientales, slaves et néo-helléniques GEO
Université de Strasbourg

de la Chaire Junior IUF

institut universitaire de France

de l'ANR ArtAtWar (ANR-24-CE54-3912-01)

RÉPUBLIQUE FRANÇAISE
Liberté
Égalité
Fraternité

anr agence nationale de la recherche

ISBN : 978-2-271-15327-2

À Emmanuel Salanskis

Sommaire

Introduction

Un sphinx sans secret

Il n'y aura pas d'*Anna Karénine* sur Netflix : la célèbre plateforme a annoncé le 2 mars 2022, quelques jours après le déclenchement de l'invasion totale du territoire ukrainien par la Russie, qu'elle renonçait à diffuser la série en quatre épisodes adaptée du roman de Tolstoï qu'elle venait pourtant d'achever. Il n'y aura pas de cours sur Dostoïevski à l'université de Milan-Bicocca : dès mars 2022, le professeur Paolo Nori s'est vu notifier par l'institution qui l'avait invité que son cycle de quatre cours sur le romancier russe était reporté à une date plus favorable. Il n'y aura pas de *Lac des cygnes* au Palais de la Culture d'Athènes, on ne verra plus, ou peu, en Europe le chef d'orchestre Valery Gergiev ou le pianiste Denis Matsuev[1], spécialistes

1. Nous utilisons ici la transcription française usuelle (« Pouchkine ») pour les noms et termes russes et ukrainiens, mais nous

du répertoire russe ; on n'entendra pas la « Cantate Alexandre Nevski » de Prokoviev en Slovaquie après que l'Orchestre philharmonique national l'a retirée de son programme, pas plus qu'au Tonhalle de Zurich ou à la Musikvereinsaal de Vienne qui ont fait de même. Et on abattra peut-être la statue tout juste érigée à Florence pour le bicentenaire de la naissance de Dostoïevski, en 2021, si le maire Dario Nardella accède à la demande de citoyens de sa ville[1]. Dans le monde occidental, on peut croire que la guerre en Ukraine a placé la culture russe sur le banc des accusés.

Qu'en est-il du côté des principales victimes du conflit ? En Ukraine, où une partie de la littérature est

---

conservons la transcription à l'anglaise quand c'est l'usage le plus fréquent, notamment dans les médias occidentaux (« Matsuev » et non « Matsouev »).

1. Sources : Jacqui Goddard, « War in Ukraine: Netflix shelves Tolstoy adaptation after criticism », *The Times*, 4 mars 2022 ; Chiara Baldi, « L'università Bicocca cancella il corso di Paolo Nori su Dostoevskij. Lo scrittore in lacrime: "È censura" », *La Stampa*, 2 mars 2022 ; « Greeks in outrage as Culture Ministry suspends events related to Russia, incl Bolshoi's Swan Lake », *Keep talking Greece*, 28 février 2022 ; Norman Lebrecht, « Vienna's Musikverein also banned Prokofiev cantata », *Slipped Disc*, 15 décembre 2022 ; Alexandre Plumet, « Guerre en Ukraine : Milan censure l'étude de Dostoïevski et à Florence, on veut déboulonner sa statue », *Le Figaro*, 9 mars 2022 ; Olivier Tosseri, « Ukraine : la Scala se sépare de son chef d'orchestre ami de Vladimir Poutine », *Les Éhos*, 2 mars 2022.

pourtant écrite en russe[1], la réaction est encore plus forte : après le « Léninopad », qui avait vu tomber les statues des dirigeants soviétiques lors de l'indépendance du pays, puis de la Révolution de la dignité en 2014[2], c'est désormais à un « Pouchkinopad » que l'on assiste, avec une série de démantèlements de monuments commémorant le grand écrivain russe du XIXe siècle, mais aussi des figures artistiques ou intellectuelles associées à l'Empire[3]. Là encore, l'art se retrouve en première ligne : passer de Lénine à Pouchkine, c'est faire de la littérature l'ombre portée de la politique, et de l'artiste le fer de lance de l'impérialisme russe – les philosophes et critiques littéraires Volodymyr Yermolenko et Tetyana Ogarkova font ainsi le lien explicite entre Pouchkine et Poutine *via* une idéologie expansionniste et coloniale qui aurait incubé dans les œuvres du poète[4]. À l'origine, ces

1. C'était jusqu'à tout récemment la langue d'expression de l'écrivain ukrainien le plus célèbre à l'étranger, Andreï Kourkov, auteur de la série du *Pingouin*.
2. La Révolution de la dignité, appelée aussi la Révolution de Maïdan, a lieu en février 2014 et provoque la destitution du président pro-russe Viktor Ianoukovytch.
3. Voir Victoire Feuillebois, « Regarde Pouchkine tomber : le phénomène du "Pouchkinopad" après le 24 février 2022 », colloque « *Le XIXe siècle, actuel ou intempestif ?* », Fabula, Les Colloques, mis en ligne en février 2025.
4. Volodymyr Yermolenko, « De Pouchkine à Poutine », *Desk Russie*, 1er juillet 2022, en ligne ; Tetyana Ogarkova et Volodymyr Yermolenko,

dégradations de statues étaient essentiellement le fait d'initiatives individuelles, spontanées et relativement sporadiques (une quarantaine depuis le déclenchement de l'invasion massive de l'Ukraine[1]) : elles sont devenues une politique publique, puisque depuis le 3 mai 2023, une loi stipule que doivent être éliminés de l'espace public « *les images, monuments, artefacts mémoriels ou inscriptions dédiés à des personnes qui ont publiquement (notamment sous forme littéraire ou artistique) soutenu, glorifié ou justifié la politique impériale russe* ».

De grands noms se retrouvent dès lors sur la sellette. Les relectures à l'acide du canon se multiplient, par exemple sous la plume de la romancière Oksana Zaboujko, autrice du premier *best-seller* de l'histoire de l'édition ukrainienne avec ses *Explorations sur le terrain du sexe ukrainien* (1996), qui a fait d'elle pendant longtemps le seul auteur ukrainien à pouvoir vivre de son métier tout en écrivant dans sa langue maternelle[2]. Prenez la nouvelle *Moumou* (1854)

« Culture, face à la guerre », *Ukraine Crisis Media Center*, 21 novembre 2023, en ligne.

1. Si l'on en croit la page consacrée au Pouchkinopad sur le Wikipédia ukrainien.

2. Les livres publiés en ukrainien en Ukraine étaient jusqu'à une période récente traditionnellement plus chers que les livres en russe, souvent importés et bénéficiant d'un marché russophone plus vaste permettant d'amortir les coûts. Cf. Olena Polovynko, « Langue et littérature au

d'Ivan Tourguéniev, dit Zaboujko. C'est l'histoire pathétique d'un paysan herculéen, mais handicapé, vivant sous la coupe d'une aristocrate cruelle à qui il appartient corps et biens, comme le veut la loi russe sur le territoire de l'Empire avant l'abolition du servage en 1861. Quasiment coupé du monde en raison de sa surdité, n'ayant pu épouser la jeune fille qu'il aimait, mariée contre son gré à un ivrogne, le pauvre serf n'a pour attache en ce monde qu'une petite chienne, Moumou, qu'il emmène partout : las, les aboiements de l'animal importunent un jour la maîtresse, et elle ordonne à Guérassime de le noyer. Ce panorama des maux du servage (mariage forcé, cruauté sadique, avilissement corporel et moral), l'écrivain russe le compose d'après nature : l'aristocrate cruelle rappelle sa propre mère, richissime propriétaire terrienne surnommée « *l'ogresse* », qui a jadis infligé les mêmes sévices à son portier. Le récit s'est imposé dans l'histoire littéraire russe comme le parangon du texte engagé, incitant à prendre le parti des plus faibles, et est réputé avoir contribué à l'abolition du servage en attirant l'attention de la société civile sur le sort des paysans : il reflète parfaitement

croisement des nations : l'Ukraine et la Russie », conférence au Jardin des Sciences, 23 mai 2022, en ligne sur Youtube ; Inna Bilonojko, « Language freedom: decolonizing Ukrainian publishing », Heinrich Böll Stifting Kyiv, en ligne.

la croyance dans le potentiel humaniste et politique de la littérature en Russie[1].

Cette lecture irénique révulse Zaboujko, qui jette quant à elle un pavé dans la mare : avez-vous bien lu ce texte, demande-t-elle aux lecteurs ? Guérassime est sourd, mais êtes-vous donc aveugles ? Vous êtes touchés par son affection pour son chien, révoltés par la poisse infinie qui le prive de tout ce qu'il aime, mais pas choqués par le fait qu'il tue cette pauvre bête, alors qu'il aurait pu, tout simplement, dire non ? Ce serf aux outrages, écrasé par l'injustice de sa condition, par son infirmité, c'est aussi un bourreau, qui obéit sans broncher quand l'ordre vient d'en haut. Ne représente-t-il pas aussi un autre mal russe hérité du servage, l'obéissance totale dont l'homme de la rue peut être capable, sa capacité à anesthésier son jugement moral pour éviter de mécontenter son supérieur, voire son adhésion pure et simple à la violence ? Sous couvert d'humanisme, cette littérature ne nous entraîne-t-elle pas à excuser, voire à héroïser ceux qui commettent

1. La formule de « potentiel humaniste » est utilisée par Vladimir Poutine lui-même : « C'est précisément nous qui, sans exagération, avons la responsabilité envers toutes les civilisations de préserver la littérature russe, d'entretenir son potentiel humaniste colossal », discours du 20 novembre 2023, cité dans Максим Иванов, « Владимир Путин обогатил литературу предложениями », *Коммерсантъ*, 21 novembre 2023, en ligne.

le mal, de Guérassime au Raskolnikov de *Crime et châtiment* ? Difficile en tout cas, selon l'écrivaine et philosophe, de parler de littérature éthique pour des textes qui se refusent à adopter le point de vue des victimes, les invisibilisent en les réduisant au rang de personnages très secondaires et même, dans le cas de Tourguéniev, infrahumains. De même qu'il y aurait pour certains un lien de Pouchkine à Poutine, il n'y a pour l'Ukrainienne pas loin de Moumou à Boutcha[1] : selon elle, les épouvantables massacres commis par l'armée russe au printemps 2022 dans une série de petites villes jalonnant la route vers Kiev trouvent leur source dans cette culture de l'obéissance servile et de la violence imposée, véhiculée par des récits qui décrivent et sans doute programment l'extinction de la conscience en contexte de pression hiérarchique. Comment expliquer de tels déchaînements de cruauté ? Peut-être par le fait qu'en prétendant vous éduquer à l'empathie, la littérature a normalisé la violence ordinaire[2].

1. Zaboujko laisse de côté le fait que Guérassime quitte le domaine pour retrouver son village natal après avoir noyé Moumou, ce qu'il n'a pas le droit de faire sans l'autorisation de sa maîtresse – cette fiction iconique, qui s'achève sur un geste ambivalent d'obéissance, puis de résistance muette, a donc bien des facettes.
2. Beaucoup ont objecté à Zaboujko que les soldats russes ne lisent en général pas Tourguéniev – et que peut-être le fait de se frotter au canon russe classique ferait d'eux des personnes meilleures. Bien que la prémisse soit factuelle, le reste de la démonstration repose sur la

Ce n'est pas la première fois que la responsabilité de l'art et de la littérature russes dans la genèse d'une violence politique est soulevée : en 1985, un débat similaire avait opposé le poète américano-soviétique Joseph Brodsky et l'écrivain franco-tchèque Milan Kundera autour de la figure de Dostoïevski, romancier de génie mais aussi théoricien du panslavisme, chez qui Kundera décelait déjà le spectre des chars déferlant sur Prague. Aujourd'hui, c'est Oksana Zaboujko qui incrimine le « *dostoïevskisme* » dans la genèse et le déroulement du conflit, et l'écrivain russo-suisse Mikhaïl Chichkine qui lui répond « *N'accusez pas Dostoïevski*[1] ».

Ce qui change, c'est qu'une fois cette généalogie établie côté ukrainien[2], une solution évidente s'impose : bannir cette culture toxique, en Ukraine, mais aussi en Occident. Ainsi, c'est à une « *russophobie culturelle*[3] » que

croyance dans le potentiel éthique de la littérature russe que la guerre en Ukraine semble avoir fait voler en éclats.

1. Mikhail Shishkin, « Don't blame Dostoevsky », *The Atlantic*, 24 juillet 2022 ; voir aussi Sergueï Lebedev, « Une nostalgie politisée », 25 février 2022.

2. L'argument généalogique est renforcé par le fait que les descendants des grands auteurs russes se sont parfois rangés du côté du pouvoir : Dmitri Dostoïevski et Vladimir Tolstoï, arrière-petits-fils des romanciers, sont des personnalités publiques proches du pouvoir et soutenant l'invasion.

3. Citée dans Jon Lee Anderson, « How do Ukrainians think about Russians now », *The New Yorker*, 15 février 2023.

beaucoup invitent, à l'instar de l'activiste Diana Berg, qui a dû fuir la ville ukrainienne de Donetsk envahie par les troupes russes. La formule n'a pas manqué de faire bondir, mais le regard que les Ukrainiens portent sur les produits culturels est informé par une spécificité de l'Est de l'Europe, à savoir que l'art et la politique y sont souvent liés : de la littérature impériale à l'utilisation soviétique et post-soviétique des artefacts culturels comme instruments de *soft power*, le monde russe de l'art a souvent collaboré, *volens nolens*, aux activités de l'État. Et du point de vue ukrainien, qu'on le veuille ou non, en dépit du fait que l'histoire de la littérature russe et soviétique ressemble à un long martyrologue, on ne peut dégager les artistes de cette gangue qui fait d'eux des agents d'influence : il faudrait donc couper le mal à la racine, et supprimer des objets irrémédiablement pollués par l'impérialisme d'hier et d'aujourd'hui.

Or, un double obstacle émerge : d'une part, cette demande de reconsidération de l'art et des objets culturels russes dans leur ensemble est reçue en Occident à travers le prisme de la *cancel culture*, pratique qui consiste à exclure des figures considérées comme contraires aux normes éthiques en cours dans une société – en réalité, le terme même dit bien que la *cancel culture* fait tout sauf consensus et qu'elle passe pour un phénomène importé du monde anglo-saxon dans le sillage des mouvements *#MeToo* et *Black Lives*

Matter. D'autre part, cette demande de bannissement se heurte à une conception de la culture radicalement différente dans le monde occidental, marqué par l'idée de « l'art pour l'art », par la croyance en la séparation radicale des sphères de la création et de la vie pratique, par l'image du génie-albatros qui n'est pas de ce monde, ne peut et ne veut rien y faire. Cette mythologie[1], qui laisse de côté le fait que l'Ouest a également inventé l'écrivain engagé, est au moins aussi surfaite que celle qui assigne à l'Europe de l'Est un art fatalement politique, là où les auteurs se sont aussi battus pour une indépendance esthétique absolue. Néanmoins, sa puissance est réactivée dans le cadre du conflit : plusieurs épisodes récents visant des artistes russes à l'Ouest ont creusé l'écart entre ces conceptions différentes de la culture et de sa dimension (a)politique.

En mai 2022, le festival Prima Vista de Tartu, en Estonie, annule, à la demande de deux poétesses ukrainiennes, Anna Grouver et Olena Gousseïnova, la présence de Linor Goralik, autrice et éditrice de l'importante revue *Russian Oppositional Arts Review* (*ROAR*) : un scandale s'ensuit dans les milieux poétiques, qui comprennent mal que l'on puisse priver de parole une

1. Cf. William Marx, *L'Adieu à la littérature. Histoire d'une dévalorisation (XVIIIe – XXe siècle)*, Paris, Minuit, 2005.

figure cardinale de l'opposition artistique, exilée depuis longtemps. Un an plus tard, en mai 2023, l'histoire se répète, à l'occasion du World Voices Festival of International Literature organisé par le PEN Club américain. En écho à l'actualité tragique, le festival a invité plusieurs auteurs ukrainiens, dont certains comme Artem Chapeye se battent dans l'armée de leur pays : les auteurs ukrainiens préviennent les organisateurs qu'ils ne pourront participer à des événements où des Russes seraient présents. Le festival prévoit pourtant un autre panel qui doit donner la parole à des intellectuels russes ou d'origine russe militant contre l'autoritarisme de Vladimir Poutine, notamment la célèbre Masha Gessen, journaliste et militante LGBTQIA+ : les artistes ukrainiens le découvrent à leur arrivée aux États-Unis et menacent de se retirer. C'est finalement le panel russe qui saute, sur proposition de ceux qui le composaient. Les organisateurs, apparemment peu au fait de l'intensité des débats culturels en cours, plaident le malentendu – mais Masha Gessen claque la porte du conseil d'administration du PEN Club et elle est présentée dans plusieurs publications comme la victime d'une campagne fomentée par l'Ukraine visant à « *annuler la littérature russe*[1] ».

1. Gal Beckerman, « Masha Gessen Resigns in Protest from PEN America Board. What happens when free-speech absolutists flinch. », *The Atlantic*, 23 mai 2023.

L'affaire a fait les gros titres de la presse anglo-saxonne et beaucoup agité l'espace médiatique international. Beaucoup trop, pour certains : dans un essai incisif de 2022 intitulé « *Cancel culture vs* culture de l'exécution[1] », la romancière ukrainienne Viktoria Amelina souligne que l'agression russe de 2022 est une nouvelle occasion pour le voisin d'exterminer les élites artistiques et le patrimoine de son pays – tandis que tout le monde regarde ailleurs pour savoir si Tchaïkovski a été ou non déprogrammé. De la même manière qu'ont été frappées la « Renaissance fusillée » des années 1920 et 1930 ou la jeunesse dorée des années 1960, comme la plasticienne Alla Horska (assassinée par le KGB en 1970 à l'âge de 41 ans) ou le poète Vassyl Stous (mort au goulag en 1985[2]), il y a un risque que la guerre actuelle contribue à un effacement culturel bien plus dramatique qu'un concert reporté. Amelina en sait quelque chose : elle a exhumé et édité les restes du journal qu'a tenu pendant l'occupation russe des environs de Kharkiv l'auteur pour la jeunesse Volodymyr Vakoulenko, avant qu'il ne soit arrêté et

1. Victoria Amelina, « *Cancel culture* contre culture exécutée », traduction Jean-Marc Adolphe, 22 juillet 2023.
2. Et dont le supplice a perduré au-delà de la mort : conformément à une pratique habituelle en URSS, le corps n'a été restitué à la famille et inhumé qu'une fois écoulée la peine à laquelle le poète avait été condamné. Stous fut enterré en 1989.

torturé par l'armée ennemie – son corps mutilé n'a été retrouvé que des semaines plus tard. Viktoria Amelina a elle-même été tuée lors d'un bombardement militaire russe sur une zone civile, à l'âge de 37 ans, quelques mois après avoir signé ce texte.

Mais paradoxalement, à l'occasion de « l'affaire du PEN Club », ce sont les Ukrainiens qui ont été présentés comme des agresseurs. Volodymyr Yermolenko, président du PEN Club Ukraine qui a pris position pour l'interdiction pure et simple de l'art russe dans les pays opposés à l'invasion de son pays[1], résume l'argument de la « double peine » qui toucheraient les milieux culturels russes : « *Ils ne seraient pas seulement les victimes de l'infâme Poutine, mais aussi celles des "cruels Ukrainiens". Et donc, désormais, l'ensemble du monde occidental, qui est très attaché à la liberté d'expression, devrait défendre ces Russes contre les "cruels" Ukrainiens*[2]. »

---

1. Dans le domaine du cinéma, un mouvement civique de boycott des films russes en Ukraine était par ailleurs très actif depuis 2014, que les Ukrainiens considèrent comme le début de la guerre, l'agression de 2022 étant qualifiée d'« invasion totale » pour souligner que le territoire avait déjà été attaqué, en Crimée et au Donbass. L'Académie cinématographique ukrainienne a appelé en 2022 au boycott total des films russes dans le monde et exclu un réalisateur comme Sergueï Loznitsa qui avait critiqué ce principe.
2. « Les Ukrainiens peuvent-ils partager un espace culturel commun avec les Russes en temps de guerre ? », débat sur *Desk Russie*, traduit par Clarisse Bossard, 27 mai 2023.

Le PEN Club allemand lui rétorque que l'ennemi est Poutine, pas Pouchkine, Tolstoï ou Akhmatova[1], conformément aux règles du PEN Club international qui se bat pour la liberté d'expression des auteurs et déclare dans sa charte que la littérature « *doit rester un lien commun entre les nations, en dépit des bouleversements politiques ou internationaux. Dans tous les cas, et en particulier en temps de guerre, les passions nationales ou politiques devraient laisser intacts les œuvres d'art, les bibliothèques, et de façon générale, le patrimoine de l'humanité*[2] ». N'attendez pas dans ce débat la position du PEN Club russe : il n'existe pas, bien qu'une association présidée par Evgueni Popov, écrivain de seconde zone et signataire de la principale pétition des écrivains russes en soutien à « *l'opération spéciale dans le Donbass et sur le territoire de l'Ukraine*[3] », s'active sous ce nom à discréditer l'opposition littéraire et à promouvoir des auteurs fidèles au régime – étant donné l'absence de liberté d'expression dans la Russie

1. « The ennemy is Putin, not Pushkin", déclaration du Pen Club Germany.
2. Voir la charte en ligne du Pen Club International.
3. « Кто хочет жертв? Обращение писателей России по поводу специальной операции нашей армии в Донбассе и на территории Украины [Qui veut des victimes ? Lettre ouverte des écrivains de Russie au sujet de l'opération spéciale de notre armée au Donbass et sur le territoire de l'Ukraine] », *Литературная газета* [*Journal littéraire*], 28 février 2022.

de Vladimir Poutine, il est logique qu'une institution qui se chargerait de défendre celle des écrivains n'y ait pas sa place. Quoi qu'il en soit, entre tous ces PEN Clubs, authentiques ou non, c'est comme si l'on voyait se dresser à nouveau un rideau de fer culturel.

Car cet épisode pour le moins malencontreux est un cas d'école, qui montre à quel point la guerre a mis en contact deux imaginaires distincts : là où on a l'habitude de fétichiser le pouvoir oppositionnel de l'art et de la littérature, la distinction entre culture officielle et culture de résistance s'efface, au profit d'une accusation généralisée contre un milieu russe jugé intrinsèquement nocif et qu'il s'agirait de faire taire[1]. Là où l'on érige souvent en Occident la culture comme une zone d'exception, qui ne prend pas ses lois dans le monde politique ou social, il montre à quel point la politique et même le pouvoir sont présents en pratique dans certains contextes : c'est du gouvernement ukrainien que provient l'interdiction officielle faite à ses ressortissants de se produire aux côtés de Russes,

1. Le monde de la culture n'est pas le seul à être touché : le cas de Viktor Chenderovitch, qui a été désinvité de l'University College de Londres, a également défrayé la chronique. Satiriste de Vladimir Poutine, il avait quitté la Russie dès le début de l'année 2022, mais ses détracteurs lui reprochaient d'être parti à cause des poursuites judiciaires dont il faisait l'objet. Maria Ovsiannikova, journaliste de la chaîne officielle Pervyj Kanal' qui avait protesté contre la guerre en direct, a dû quant à elle être exfiltrée d'Ukraine après y avoir déchaîné les passions.

tandis que la « désinvitation » de Masha Gessen, qui devrait être tout sauf une égérie pour le régime poutinien, n'a pas manqué d'être instrumentalisée par les réseaux conservateurs pour démontrer les persécutions dont les Russes seraient injustement victimes. Et là où l'on pense que l'art rassemble et est au-dessus des nations, on voit qu'il divise – plus gravement, on se prend à soupçonner que cette idée généreuse et présentée comme universelle est peut-être une illusion naïve de pays au sommet de la hiérarchie culturelle, qui n'ont presque jamais eu à se battre pour défendre leur art et leur langue.

En bonne guerre hybride, la guerre en Ukraine est donc devenue une guerre qui engage les objets culturels et qui se joue sur ce champ de bataille, en Ukraine bien sûr, mais aussi au niveau mondial. Elle suscite des questions brûlantes, sur la responsabilité éthique et politique de la culture russe dans la violence inouïe des autorités et de l'armée, ainsi que sur la légitimité de la contenir en limitant la libre circulation des œuvres et l'expression des artistes.

Ce livre part de l'étonnement légitime que peut susciter la virulence de ces affrontements dans le cadre d'une guerre par ailleurs inédite par les destructions épouvantables et les nombreuses morts civiles qu'elle provoque : savoir s'il faut ou non brûler Pouchkine semble une question bien oiseuse dans ce contexte ;

elle a pourtant bel et bien attiré beaucoup d'attention. Comment se fait-il que la littérature, l'art, la culture russes en général se retrouvent ainsi au centre des débats ? Pourquoi associer art et politique en contexte russe et pourquoi soupçonner que la « grande littérature russe » pourrait être chargée d'un message idéologique ? Pourquoi, à l'inverse, certains vivent-ils cette mise en accusation comme une perte, voire une tragédie ?

Peut-être faut-il, pour mieux comprendre les racines de ces polémiques, suivre les indices laissés par l'affrontement entre les différents PEN Clubs. L'épisode que nous avons évoqué témoigne de la friction entre des conceptions en réalité très différentes de la culture (entendue ici comme production d'objets culturels dans la sphère artistique) : tantôt on considère que les objets culturels sont forcément déterminés dans leur production et leur réception par les circonstances politiques et donc entretiennent avec elles des rapports qu'on ne peut nier, tantôt on postule que l'art est par essence émancipé de la sphère pratique et émancipateur pour ceux qui le consomment. On voit aussi que, lorsqu'on évoque la Russie, ces positions se muent de manière hyperbolique en blocs opposés : la « culture russe » semble à la fois porter la marque fatale de l'emprise du pouvoir sur l'art et incarner le symbole de la « grande littérature » qui résiste à toutes les pressions extérieures pour rester dans le domaine de la pensée et de la beauté pures – dans les deux cas, elle y gagne une portée existentielle autant qu'esthétique. Pour le dire plus simplement, l'art russe est toujours supposé en faire plus que ce que l'on attend de l'art en général, qu'il diffuse en cachette un message d'ordre idéologique ou qu'il initie aux grandes questions humaines.

La formule « culture russe » que nous utilisons ici, évidemment trop générale, a néanmoins le mérite de mettre le doigt sur cette singularité en désignant un ensemble de manifestations artistiques et surtout littéraires qui se voient assigner théoriquement et historiquement des valeurs et des usages qui ne sont pas exactement les mêmes qu'en Occident : « *le poète en Russie est plus qu'un poète* » disait l'écrivain soviétique Evguéni Evtouchenko. Nous percevons très largement cette différence de représentation – témoin la révérence avec laquelle on traite encore en Occident les figures de Dostoïevski ou Tolstoï : on ne peut être une personne cultivée si l'on n'a pas lu ces deux auteurs-là. Et nous sommes parfois tentés de faire de cette singularité un facteur de distinction, d'héroïser cette production culturelle, reconduisant sans toujours le savoir les discours sur « l'exceptionnalisme » de la Russie sur lesquels le pouvoir impérial, totalitaire ou autoritaire russe et soviétique[1] s'est toujours fondé pour asseoir sa puissance et souvent son oppression.

À l'inverse, comprendre d'où vient cette idée, comment elle a été construite et véhiculée au sein des espaces russes et russophones[2] ainsi qu'à l'étranger éclaire d'un jour nouveau les débats culturels qui ont suivis le déclenchement de la guerre à grande échelle en Ukraine. Cela les donne à voir moins comme des éruptions sauvages et irrationnelles que comme des contestations en fait attendues de ce qu'implique l'idée de « grande culture russe », qui a depuis longtemps servi d'instrument de consolidation – et parfois d'expansion – nationale : ils sont en réalité le miroir du « *culte national de la culture*[3] » qui s'est développé en particulier en Europe de l'Est – ils le révèlent tout en proposant d'en renverser l'image. De fait, ceux qui prônent une relecture à nouveaux frais de la littérature

1. Nous utilisons ici les termes « russe » et « soviétique » ensemble, mais bien entendu les deux entités n'ont pas les mêmes frontières géographiques : nous désignons ici le pouvoir central basé à Moscou, indépendamment des zones sur lesquels il peut légitimement s'exercer.
2. Ici encore, une précision s'impose quant au vocable « russophone », largement contesté pour sa perspective russo-centrée : nous l'utilisons par commodité, en l'absence d'un meilleur terme, mais il ne s'agit pas pour nous de définir les zones concernées, notamment l'Ukraine, uniquement dans leur rapport avec la langue russe passé ou présent.
3. Cf. selon l'expression de Joep Leerssen dans Joep Leerssen et Ann Rigney (dir.), *Commemorating writers in 19th century Europe ; Nation-building and centenary fever*, Basingstoke, Palgrave Macmillan, 2014.

et de l'art russes, en général à des fins critiques, sont souvent liés à l'espace ex-soviétique, comme les écrivains Sofi Oksanen (autrice finlandaise d'origine estonienne) ou le Russo-Allemand Wladimir Kaminer, qui connaissent donc le sujet de près – balayer leurs propos au nom d'une supposée barbarie, sous prétexte qu'ils nous dérangent, c'est nier leur capacité de se positionner, les renvoyer à un statut de mineur. Au contraire, nous proposons ici de partir, sans nécessairement les valider, de ces contestations pour examiner sur quoi elles se fondent et en quoi elles peuvent nous aider à démêler les rapports entre art et idéologie en Europe de l'Est, qui ne sont pas exactement ceux de notre cadre de référence et sont donc susceptibles de nous dérouter.

En écrivant ceci, nous ne souhaitons cependant pas postuler l'existence d'un « œil européen » ou « occidental » entièrement conditionné par le lieu d'où ce regard s'exerce, au-delà des idiosyncrasies, des goûts et des différences d'éducation et de parcours de chacun. De même que la culture russe n'est pas perçue dans cet ouvrage comme une essence se réalisant dans l'excellence et la diversité de ses manifestations artistiques, mais comme une image historiquement construite, de même on ne supposera pas que l'« *Occident collectif* », pour reprendre les termes de la propagande poutinienne, la perçoit à travers une grille de lecture unique. Mais l'idée de « grande culture russe » s'est aussi construite sur le fantasme que celui qui n'y appartient pas est condamné à recevoir et parfois à subir les singularités exceptionnelles de la Russie sans jamais les comprendre en profondeur.

Ainsi, en 1831, Alexandre Pouchkine publie un poème intitulé « Aux calomniateurs de la Russie ». Le titre donne le ton du poème, qui s'adresse de manière véhémente aux « Occidentaux » : Pouchkine invective les élites européennes qui prennent la défense des insurgés de Varsovie que le tsar Nicolas Ier vient d'écraser de manière sanglante, provoquant une grande vague d'émigration polonaise en Europe. Pouchkine défend le droit des Russes de participer aux « *querelles anciennes des Slaves* » sans que ce que l'on n'appelle pas encore la communauté internationale s'en mêle : parmi ses multiples arguments, il déclare que les Occidentaux ne peuvent démêler l'écheveau complexe de ce qui se passe à l'Est et que leurs prises de position indignées sont donc parfaitement illégitimes :

> Laissez-nous donc tranquilles : de nos annales sanglantes
> Vous n'avez pas lu une ligne ;
> Cette dispute familiale en rien ne vous concerne,
> Vous ne pouvez la comprendre ;
> et que ce soit le Kremlin ou Prague,
> Rien de tout ceci ne vous parle[1].

1. Les textes dont le traducteur n'est pas indiqué sont traduits par l'autrice.

Ce texte peut surprendre de la part d'un écrivain souvent présenté comme le chantre de la liberté et célèbre pour ses rapports exécrables avec le pouvoir. Mais il ne s'agit pas d'un mouvement d'humeur : le texte appartient à un petit cycle que Pouchkine édite spécialement pour l'occasion avec son ami le poète Vassili Joukovski, bien mieux en cour que lui, et qu'il publie sous forme de brochure pour une meilleure diffusion. Dans le contexte de la guerre en Ukraine, il a été brandi par les va-t'en-guerre de tout bord pour discréditer le discrédit jeté sur la Russie, comme il l'avait été à l'époque soviétique où il ressurgissait à chaque fois que l'Armée rouge « libérait » un pays-frère dont la population s'était insurgée. L'ambassade de Russie en France l'a par exemple publié sur sa page Facebook sans aucun commentaire le 26 février 2022, comme si la réponse de Pouchkine à deux cents ans de distance était toujours lettre d'or et qu'elle pouvait se passer de toute glose[1] : c'est assez dire, non seulement à quel point l'opacité de ce qui a trait à la Russie est entretenue, souvent fétichisée et parfois utilisée comme une arme géopolitique, mais aussi le

1. Un peu plus tard, le 3 novembre 2022, c'est le ministre des Affaires étrangères russes Sergueï Lavrov qui s'est fait filmer récitant le poème dans une vidéo entrecoupée d'images de propagande et d'inserts de photos de Joe Biden et de réunions de l'OTAN.

rôle spécifique qu'ont joué les écrivains, ou qu'on leur fait jouer, dans la production de ce stéréotype culturel opposant le sphinx russe impénétrable à l'œil européen mal aiguisé.

Et s'il était temps de répondre à Pouchkine, et à l'ambassade de Russie ? Si, plutôt que de tenir pour acquis le fait que la Russie dispose d'une forme d'impunité en raison de l'impossibilité de prononcer sur elle un jugement informé, nous la regardions comme « *un sphinx sans secret*[1] », pour reprendre la formule du critique Vitaly Chernetsky, qui l'emprunte lui-même à une célèbre nouvelle d'Oscar Wilde mettant en scène une femme qui feint le mystère pour mieux impressionner ses soupirants ? S'il s'agissait cette fois de percer une opacité savamment entretenue, d'aiguiser l'acuité d'un regard extérieur, de faire valoir qu'il est tout à fait susceptible de pénétrer un certain nombre de mécanismes – de comprendre, au-delà de l'admiration que la culture russe est en droit de susciter, comment l'idée qu'elle est « une grande culture » s'est formée ?

Ce livre n'est ni une histoire philologique de l'art et de la culture russes, ni un texte d'intervention destiné

1. « Time to rethink Russian cultural imperialism – with Vitaly Chernetsky », entretien avec Volodymyr Yermolenko, podcast *Explaining Ukraine*, 12 avril 2024.

à promouvoir une position politique quelconque ou à jeter l'opprobre sur les artistes russes dans leur ensemble, mais une tentative d'emmener le lecteur au-delà d'une certaine mystique. Loin de prétendre traiter de manière exhaustive la question océanique de la littérature et de l'art en contexte russe, il propose de remonter à la source d'un certain nombre de biais et d'idées reçues, mais aussi de remettre en perspective les débats sur la culture russe apparus dans le contexte de la guerre à grande échelle en Ukraine, afin de permettre à chacun de s'orienter dans ce labyrinthe où art et politique se côtoient de fait.

I

« Ils interdisent Dostoïevski, nous adorons toujours Mark Twain » Usages de la *cancel culture* en contexte de guerre

Cancel culture touchant tout ce qui est russe, interdiction des artistes, « russophobie culturelle » : mais de quoi parle-t-on au juste ? D'un vaste mouvement de bannissement généralisé, injuste et asymétrique, si l'on en croit le pouvoir russe : celui-ci a lancé en mars 2022 une campagne de propagande intitulée « La culture, ça ne s'annule pas ! » (*Kul'turu ne otmenit'!*) qui met en scène différents épisodes survenus depuis le début de l'invasion totale de l'Ukraine. Dans les grandes villes russes, de gigantesques panneaux ont été revêtus d'affiches aux messages sans équivoque : « *On ne monte plus les pièces de Tchékhov en Europe. Nous, nous n'allons pas nous mettre à moins aimer Shakespeare* », « *Quand des concerts de Tchaïkovski sont annulés partout dans le monde, notre amour pour la musique de Chopin reste intact* », « *Dans certains pays, on a décidé de ne plus jouer de Chostakovitch. Nous avons décidé que la musique de Vivaldi ne cesserait pas d'être belle* », « *À l'Ouest on a interdit de faire un cours sur Dostoïevski. Nous continuons d'adorer les héros de Mark Twain* ».

Ces affiches brodent sur des annulations réelles du printemps 2022 dans des pays occidentaux condamnant l'invasion. Sous couvert d'information à la population, il s'agit de réactiver la traditionnelle « psychose d'encerclement » russe[1], qui table sur une hostilité générale, sournoise et infondée du monde extérieur vis-à-vis de la Russie – en particulier dans les domaines où celle-ci prétend posséder une supériorité nationale, comme celui de la culture. Ces panneaux parviennent à susciter ce sentiment grâce à une stratégie particulièrement habile.

D'abord, la sélection omet les cas qui ne pourraient pas nourrir le sentiment d'une guerre culturelle ourdie à l'Ouest : il ne sera pas question du retrait du Pavillon russe à la Biennale de Venise de 2022, décidé par les curateurs eux-mêmes, opposés à la guerre. On ne mentionne pas non plus le cas de l'Internationale Maifestspiele Wiesbaden de 2023, où des musiciens ukrainiens ont protesté contre la présence de la

1. Selon l'expression heureuse de Georges Nivat : Georges Nivat, *Les Trois Âges russes*, Fayard, Paris 2015.

cantatrice Anna Netrebko, qui a soutenu fortement l'intervention russe au Donbass : ce sont eux qui ont dû quitter le festival et la diva s'est bien produite[1]. La série de messages met davantage l'accent sur le fait qu'on s'attaque à de grandes figures culturelles, incontestables sur le plan de la valeur artistique et par ailleurs trépassées depuis longtemps, donc peu susceptibles d'être impliquées directement ou d'avoir pris position. Il s'agit donc de tourner en ridicule le geste d'annulation en le décontextualisant et d'orchestrer ainsi le mécontentement de la population.

Le choix du médium se révèle également opportun. Impossible sur un panneau de donner beaucoup de détails : on ne saura pas que, si le Cardiff Philharmonic Orchestra choisit de ne pas jouer à quelques jours de l'invasion la *Symphonie N° 2* de Tchaïkovski, c'est qu'elle est sous-titrée « petite-russienne », selon le nom qu'on pouvait donner au XIXe siècle à une Ukraine appartenant à l'Empire russe des tsars. Ce n'est donc pas Tchaïkovski qu'on assassine, mais les citoyens ukrainiens qu'on préserve en évitant d'utiliser un terme particulièrement offensant dans le contexte d'une guerre menée pour reconstituer ce territoire

1. Anastasiia Kondrat, « Ukrainian musicians refuse to participate in the festival in Wiesbaden due to the participation of Russian singer Anna Netrebko », *Svidomi*, 2 février 2023.

impérial : de fait, l'orchestre a maintenu le reste de son programme russe, qui incluait Rachmaninov, Prokofiev et Rimski-Korsakov. L'histoire se répète au Théâtre-Orchestre de Bienne Soleure, en Suisse, qui a renoncé à monter l'opéra *Mazeppa*, où Tchaïkovski exploite une figure historique très contestée, héros en Ukraine et traître en Russie : outre le problème posé par le message russophile de l'œuvre, représenter une œuvre parlant de la bataille de la Poltava quand une guerre venait frapper ce même territoire n'était pas à l'ordre du jour. Mais les panneaux s'en tiennent au minimum, alimentant ainsi le fantasme d'une hostilité de « l'Occident collectif » envers la Russie, dans un pays où les citoyens ont de toute façon des difficultés à trouver des informations fiables. La ruse a bien fonctionné : sur le principal moteur de recherche russe, Yandex, les requêtes « *annulation de la Russie* » (*otmena Rossii*) sont passées de 0 en janvier 2022 à 109 219 en février et à 205 014 en mars[1].

Le syntagme est d'ailleurs parlant : ce n'est plus, *stricto sensu*, de *cancel culture* qu'on parle. La notion désigne ordinairement ce que Kwame Anthony

1. Elizaveta Kotikova, « "Отмена русской культуры" : что показывает статистика цифровых следов ?"Отмена русской культуры": что показывает статистика цифровых следов? ["Annulation de la culture russe" : que montrent les statistiques numériques ?] », *Системный Блокъ*, 12 octobre 2022.

Appiah nomme une « révolution morale[1] », à savoir ce moment où les valeurs du passé deviennent intolérables au présent, entraînant un réexamen critique de grandes figures ou d'objets qui occupaient le sommet de la hiérarchie symbolique dans un espace donné – et leur déboulonnage s'ils ne correspondent plus aux sensibilités contemporaines. Dans cette « culture de l'effacement », selon la traduction française ordinaire, le premier terme renvoie à une tendance ou à un mouvement d'opinion qui serait particulièrement répandu dans le contexte actuel. Mais le russe comme le français, qui construisent les termes abstraits de gauche à droite, en mettant le terme important en premier, (« culture de l'effacement ») et non de droite à gauche (« *cancel culture* »), invitent à lire cette formule comme une invitation à « faire disparaître la culture », comme la promesse d'une attaque contre les toutes les productions d'une civilisation.

C'est ce glissement, cette syllepse de sens, qu'organise la campagne : le slogan « *la culture, ça ne s'annule pas !* » fait mine de croire que la *cancel culture* présuppose la culpabilité intrinsèque des objets culturels et/ou leur éradication en mesure de représailles. De là, il n'y a

1. Kwame Anthony Appiah, *Le Code de l'honneur : comment surviennent les révolutions morales*, traduction Jean-François Sené, Paris, Gallimard, 2012.

qu'un pas à faire pour dire que la culture dont il est question désigne en réalité la civilisation russe dans son ensemble, comme le fait un Vladimir Poutine commentant les annulations et déclarant que « *c'est un pays millénaire que l'on veut abattre*[1] ». Jouant sur l'ambivalence du terme « culture », le traitement médiatique de ces cas évoque d'ailleurs pêle-mêle, parmi les victimes de l'« effacement culturel », les sportifs, les joueurs d'échecs, les artistes et les participants à l'Eurovision ou à différents concours internationaux, en mettant l'accent sur le fait que ce sont des domaines dans lesquels le pays brille tout particulièrement[2]. Les réactions à l'Ouest à la suite de « l'opération spéciale » seraient donc une nouvelle actualisation d'une guerre menée depuis bien plus longtemps par des rivaux jaloux de la grandeur russe.

L'opposition entre « eux » et « nous » qui structurent les panneaux de la campagne « La culture, ça ne s'annule pas ! » permet également de susciter l'image d'une Russie qui serait le havre de la vie culturelle mondiale, protégeant les grandes œuvres, là où les autres nations seraient emprisonnées dans une

1. Discours de Vladimir Poutine lors de la rencontre avec les lauréats du prix présidentiel pour les jeunes acteurs de la culture 2021, le 24 mars 2022 ; communiqué de l'Agence TASS du 25 mars 2022.
2. Voir le documentaire de propagande de la chaîne russe RT « Killing Russian Culture ».

perspective nationale (un grand artiste serait toujours, au fond, l'artiste d'un pays) et dans une politisation de la sphère artistique (la culture d'un pays pourrait très bien être tenue responsable en cas de conflit). Ce souci particulier de la culture *tout court*, indépendamment de ses actualisations géographiques et historiques, Dostoïevski en 1880 en faisait déjà le trait distinctif de la Russie, dans son célèbre *Discours sur Pouchkine* : il y défendait l'idée que la Russie est le seul pays où le terme de « culture » a un sens, que ce qui la définit par contraste avec les puissances européennes est d'être l'espace de la littérature mondiale, le lieu où toutes les cultures peuvent converger, au-delà d'une appréciation purement nationale. À sa manière, Vladimir Poutine se fait le successeur du romancier en rapprochant dans son discours de mars 2022 les remises en cause contemporaines des objets culturels russes en Occident et différents cas survenus à l'Ouest, qui vont des autodafés nazis aux accusations à l'encontre de la romancière britannique J.K. Rowling après des prises de position controversées sur les questions de genre : la Russie se retrouve une nouvelle fois érigée en bastion de la résistance à l'agressivité occidentale et à sa dégénérescence en matière de culture et de valeurs. Évidemment, il n'est pas fait mention du fait que la Russie « cancelle » elle-même ses artistes d'opposition, comme la metteuse en scène Evguénia Berkovitch et la dramaturge Svetlana Petriïtchouk, condamnées en juillet 2024 à six ans de prison, ou le pianiste Vladimir Kushnir, premier prisonnier politique de l'histoire de la Fédération de Russie à mourir à la suite d'une grève de la faim.

Cette image d'une Russie qui agit en dernier rempart est produite de manière lapidaire par le slogan de cette campagne de propagande, qui en russe tient en trois mots. Si la Russie est la seule à pouvoir le rappeler, c'est bien qu'elle est la nation culturelle suprême : en défendant l'idée d'une culture qui serait au-dessus des nations, elle valide sa propre attitude nationale vis-à-vis de la culture et se valide donc elle-même[1]. On ne sera ainsi pas étonné que cette première campagne ait donné lieu à une seconde, qui promouvait les beautés de cette culture russe qu'on voulait partout abattre : destinée davantage aux provinces, quand les panneaux étaient présents plutôt dans les grandes villes, elle permettait notamment de rendre plus visibles des artistes russes mineurs, dans un contexte où l'accès aux productions étrangères devenait plus difficile en raison des sanctions. Elle a également conduit à une militarisation

---

1. Cette double définition de la culture comme art et comme civilisation, qui fait des œuvres artistiques l'expression de l'esprit national, n'est évidemment pas propre à la Russie et trouve sa source dans la pensée européenne des XVIIIe et XIXe siècles, en particulier du pré-romantisme et du romantisme allemands.

du champ littéraire, avec la promotion d'une « culture Z » acharnée à défendre « l'opération spéciale », par exemple à travers la diffusion massive du recueil *PoéZie de l'été russe* (*PoèZija russkogo leta*) ou le projet *Poésie Z* (*Poèzija Z*) édité par la Maison de l'Armée russe. Cette politique s'est poursuivie en 2023, où la Fondation présidentielle pour les initiatives culturelles a accordé 1,6 milliard de roubles (près de 16,5 millions d'euros) à des projets artistiques soutenant l'invasion[1]. Si, à en croire ces fameuses affiches, on continue en Russie à aimer Shakespeare et à lire Mark Twain, on est aussi largement incité à consommer national et même nationaliste en matière de culture.

Par ailleurs, cette campagne ne vise pas seulement à mobiliser la population, mais aussi, au-delà de l'enjeu culturel direct, à entourer la parole présidentielle d'une forme d'aura : sans surprise, au printemps 2022, Vladimir Poutine déclarait publiquement que « *la culture russe ne peut être annulée* », écho direct au slogan de la campagne, lequel tend, on l'a dit, à superposer défenses de la culture en général et de la culture russe en particulier. Sans surprise non plus, le 17 novembre 2023, le président revient sur les événements récents en se félicitant du fait que « *la culture russe n'a pas*

1. « Russian Presidential Foundation Awards $16M to Pro-War Culture Projects », *The Moscow Times*, 29 septembre 2023.

été annulée » (ce que plusieurs médias et personnalités politiques reformulent en « *l'Occident n'a pas réussi à annuler la culture russe*[1] »).

Sur ce point, Poutine n'a en réalité pas tort : point de vidéos des bouddhas de Bamiyan à produire ici, pas de trace d'autodafés – rétrospectivement, tout porte à croire que les événements qui avaient en 2022 donné lieu à un mouvement de panique morale n'ont été que locaux et peu représentatifs. Paolo Nori, dont les cours sur Dostoïevski avaient été reportés à Milan et qui avait le premier sonné l'alarme dans une vidéo très relayée sur les réseaux sociaux, a depuis écrit une biographie de l'écrivain intitulée *Ça saigne encore* – elle aurait pu s'appeler « Ça publie encore », car il a *de facto* trouvé un éditeur pour la publier, des traducteurs pour la rendre accessible, des librairies pour la vendre et des journalistes pour la recenser. Le livre a connu un succès certain. Comparativement, le déficit de traductions de l'ukrainien en France ne s'est pas résorbé depuis 2022, notamment à cause de l'absence de structures éditoriales capables de le faire et d'assurer la promotion d'ouvrages d'auteurs peu connus : les éditeurs le confessent, il reste plus difficile de publier

1. Comme Maria Zakharova, porte-parole du ministère des Affaires étrangères, dans des prises de parole du 14 mars puis du 5 septembre 2024.

sur l'Ukraine que sur la Russie, y compris dans le contexte de la guerre[1].

Y aurait-il eu une impossibilité d'interdire de parler des grandes œuvres russes, comme on le suppose du côté du Kremlin ? Ou la culture russe n'aurait-elle finalement pas été annulée à l'Ouest tout simplement parce que personne n'a vraiment essayé ? D'abord, dans un espace démocratique, un bannissement général de la culture russe est difficilement envisageable : celui-ci ne pourrait s'effectuer qu'en contexte totalitaire – et l'expérience soviétique a bien montré qu'il est difficile de mettre fin à la circulation des objets culturels et que de telles tentatives sont souvent contre-productives. La CIA elle-même, qui fit entrer clandestinement des exemplaires du *Docteur Jivago* pour déstabiliser l'URSS de la fin des années 1950[2], ne s'y est pas trompée et, reprenant la grande tradition soviétique faisant du livre un outil de résistance, des opposants russes utilisent

1. Ganna Fabre, « Publier de la littérature ukrainienne en France : les défis et les obstacles », *The Ukrainian Week*, 23 juillet 2024.
2. Cf. Peter Finn et Petra Couvée, *The Zhivago affair : the Kremlin, the CIA, and the battle over a forbidden book*, New York, Pantheon Books, 2014 ; Paolo Mancosu, *Le Voyage secret du* Docteur Jivago. *Le roman du roman*, traduit par Dominique Macabies, Paris, Maison des Sciences de l'Homme, 2022. Voir aussi le beau roman de Laura Prescott, *Nos secrets si bien gardés*, traduction Christelle Gaillard-Paris, Paris, Robert Laffont, 2021.

désormais *1984* pour manifester silencieusement leur refus de la guerre[1]. Dans les pays où les cas cités par les affiches se sont produits, ces derniers n'ont pas fait consensus, mais ont alimenté un débat intense dans les médias et les institutions culturelles, sur le mode du *pro et contra*[2]. Plusieurs écrivains, comme Emmanuel Carrère ou Diana Filippova, ont confié leur trouble, mais restent en définitive fidèles à la croyance selon laquelle la littérature russe est un humanisme[3]. La littérature russe placée au banc des accusés a trouvé de nombreux défenseurs : en France par exemple, l'écrivain André Markowicz, traducteur acclamé de Dostoïevski, explique dans *Et si l'Ukraine libérait la Russie* que la description abominable de la révolte pougatchévienne dans *La Fille du Capitaine* de Pouchkine annonce les horreurs du massacre de Boutcha, et les dénonce par anticipation ; la spécialiste Cécile Vaissié propose quant à elle de relire l'histoire de la littérature russe « *face à Marioupol* », pour montrer que toutes les lettres russes sont une

1. Cf. Victoire Feuillebois, « *1984* de George Orwell : quel miroir pour la Russie de l'ère Poutine ? », *The Conversation*, 23 juin 2022.
2. Voir par exemple la tribune diffusée dans *The Guardian* à la suite de la décision de l'Orchestre de Cardiff de retirer Tchaïkovski du programme et sous-titrée « l'orchestre se ridiculise » (*orchestra faces ridicule*).
3. Emmanuel Carrère, « L'Heure des Ukrainiens », *Kometa*, n° 4, 1er mars 2024 ; Diana Filippova, *De l'inconvénient d'être russe*, Paris, Grasset, 2023.

protestation contre la violence et l'absurdité de la guerre[1].

Par ailleurs, la notion de *cancel culture* suppose que l'on fait obstacle à la diffusion d'artefacts culturels au nom de valeurs, de normes ou de considérations morales : dans le cas du printemps de 2022, on a tendance à sous-estimer largement d'autres facteurs qui ont présidé ou participé à la décision de limiter cette circulation. Ainsi, plusieurs de ces « annulations » ont d'abord un motif économique : ce n'est pas Tchaïkovski qu'on a annulé, mais les tournées assurées par des institutions établies en Russie – la troupe du Bolchoï au Royal Opera House de Londres ou celle du Ballet Royal de Moscou qui devait danser *Le Lac des cygnes* au Helix Theater de Dublin. Et si plusieurs opéras comme ceux de Munich ou Milan ne font plus appel au célèbre chef d'orchestre Valery Gergiev, soutien indéfectible de Vladimir Poutine, c'est en raison des sanctions économiques dont les personnalités culturelles ne peuvent pas être exclues : être invité par les grands opéras du monde ferait entrer des devises en Russie et diminuerait donc l'effet de ces mesures. La morale n'a que peu à voir là-dedans : personne n'a

1. André Markowicz, *Et si l'Ukraine libérait la Russie ?*, Paris, Seuil, coll. Libelle, 2022 ; Cécile Vaissié, *Face à Marioupol. Deux siècles de littérature russe*, Rennes, PUR, 2024.

retiré sa baguette au principal intéressé lorsqu'il a joué en 2008 en Ossétie du Sud alors bombardée par la Russie ou en 2016 dans les ruines de Palmyre pour sceller l'amitié de Vladimir Poutine et Bachar al-Assad au terme de la meurtrière bataille d'Alep.

De la même façon, si Netflix refuse de diffuser sa série *Anna K* (destinée prioritairement à l'espace russophone), c'est qu'elle ne veut pas se soumettre à la loi russe imposant la diffusion de vidéos de propagande pro-guerre aux plateformes disposant de plus de 100 000 abonnés : ici encore, les facteurs culturels se trouvent surestimés et Netflix n'a pas voulu effacer Tolstoï (la série a d'ailleurs fini par sortir en Occident). En règle générale, aucune institution culturelle occidentale n'a renoncé durablement aux œuvres russes : à Vienne, la « Cantate Alexandre Nevski » de Prokoviev a été, en raison de son discours très nationaliste et peu audible dans le contexte, remplacée… par la Cinquième symphonie de Chostakovitch. Les annulations du printemps 2022 n'ont donc pas constitué une tendance de fond : il y a certes eu des gestes symboliques et ponctuels de protestation, mais nombreux sont les cas où la condamnation morale de l'art russe dans son ensemble n'était en réalité pas à la source du retrait.

Mais à l'ère de la post-vérité, qu'importe qu'il n'y ait pas eu d'annulation à grande échelle. C'est même mieux : c'est ce qui permet à Vladimir Poutine de déclarer dix-huit mois plus tard que les tentatives de l'Occident ont échoué, que la culture russe est impossible à mettre à terre – *quod erat demonstrandum*. En d'autres termes, agiter le spectre de l'effacement culturel est la première étape d'une prophétie autoréalisatrice : dire « la culture russe vivra » en 2022, puis « la culture russe a survécu » en 2023 entoure la parole présidentielle d'une aura visionnaire et presque performative. C'est comme si cette victoire supposée de la culture russe sur ces détracteurs était programmée par son discours (et non par le fait qu'il ne s'est en réalité pas passé grand-chose, contrairement à la fiction construite en Russie que les pays occidentaux ont soudain, toutes affaires cessantes, tenté de chasser ce qui était russe, jusqu'aux partitions et aux recueils de poésie).

Or, la performativité, le fait que les mots produisent des actes, est l'épine dorsale d'un imaginaire politique russe traumatisé par la nécrose de la parole politique à l'ère de la stagnation brejnévienne et de la fin de l'URSS : si tout le discours politique soviétique est marqué par le mensonge, les spécialistes ont souligné qu'à cette époque en particulier, il était impossible de s'extraire du langage imposé par l'idéologie en vigueur ; mais d'un autre côté, celui-ci fonctionnait à vide, dans la répétition de motifs de propagande sous lesquels tout le monde savait depuis longtemps qu'il n'y avait rien de concret[1]. Restait, pour certains, le détournement par une forme de psittacisme parodique[2] ; pour les autres, la parole politique s'en est trouvée durablement démonétisée. Vladimir Poutine, lui, se présente comme un homme dont la parole est suivie d'effets, un dirigeant qui a rompu non seulement avec le prétendu babil de la vie démocratique, mais aussi avec le discours figé de ses immédiats prédécesseurs : c'est précisément l'effet recherché par cette instrumentalisation des annulations culturelles à des fins politiques.

Cette stratégie épouse parfaitement les usages contemporains que font certains mouvements politiques extrêmes des débats sur la place et la portée des objets culturels : ainsi que l'a souligné Laure Murat dans *Qui annule quoi ?*[3], des groupes politiques alimentent, souvent à travers des *fake news*, une crainte

1. De nombreuses plaisanteries soviétiques, à l'instar de celle-ci, se font l'écho de ce monde qui tourne à vide et que les discours de propagande tentent de masquer : en URSS, le Plan est toujours dépassé, bien que personne ne travaille. Le Plan a beau être toujours dépassé, les magasins restent vides. Bien que les magasins soient vides, les gens arrivent quand même à manger. Mais bien qu'ils mangent, ils sont tous mécontents. Et pourtant, ils ne cessent d'applaudir.
2. Voir la célèbre étude d'Alexei Yurchak : Alexei Yurchak, *Everything Was Forever, Until it Was no More. The Last Soviet Generation*, Princeton-Oxford, Princeton University Press, 2006.
3. Laure Murat, *Qui annule quoi ? Sur la* cancel culture, Paris, Seuil, coll. Libelle, 2022.

de l'effacement et s'appuient sur cette angoisse pour, sous couvert de « riposte », effacer les productions culturelles de leurs adversaires. Ainsi, rappelle-t-elle, dans l'Amérique de Donald Trump, les attaques contre les statues de personnalités liées à l'esclavage ont donné du grain à moudre aux mouvements suprémacistes, tandis que la peur d'une prise de pouvoir par les *woke* autorisait les « Moms for Liberty » à purger par avance les bibliothèques scolaires d'ouvrages présentant des personnages homosexuels ou *trans* : à chaque fois, on observe un « retour de bâton » d'une intensité très supérieure à l'échelle des phénomènes, souvent épars et spontanés, qui avaient mis le feu aux poudres. De même, dans la Russie de Vladimir Poutine, les quelques cas où la culture a servi de terrain à la protestation politique dans les démocraties occidentales légitiment une valorisation de la grande nation culturelle russe et une promotion de ses produits culturels locaux, organisées de manière massive et concertée par le pouvoir.

Et c'est aussi du côté des conservateurs, quand ce n'est pas de celui des trolls dirigés par le pouvoir russe, que l'idée de « russophobie culturelle » est la plus présente en Occident. Il est très difficile de trouver un auteur ou une personnalité culturelle en France qui reprenne à son compte la demande d'annulation de la culture russe que réclament certains Ukrainiens[1]. En revanche, on ne manque pas de rencontrer des articles dénonçant la mise en cause systématique dont seraient victimes les artistes et les œuvres russes de la part d'« américanoïde[s] dégénéré[s] » possédés par l'esprit du wokisme[2]. Or, quoiqu'alimentées depuis la Russie, comme le montrent les crédits de ce site francophone, les pages de Russophobie.org n'ont pas beaucoup d'exemples à produire.

Il ne s'agit pas d'invalider le sentiment qu'il y a eu une méfiance vis-à-vis des œuvres et des artistes russes en 2022, mais de mettre en garde contre une possible instrumentalisation de ces émotions à des fins politiques. De fait, les raisons pour lesquelles des événements culturels associés à la Russie ont été reportés ou annulés sont plurielles : la *cancel culture* dont la Russie aurait été victime en Occident en 2022 apparaît ainsi comme un phénomène discursif entretenu par les médias et le gouvernement russes, plutôt que comme une réalité établie et documentée. En tout cas, elle n'a guère nui au pouvoir russe : elle lui a permis de capitaliser sur une panique morale qu'il a largement suscitée et réorientée vers une consolidation du nationalisme.

1. Un des rares exemples est l'écrivain russo-allemand déjà cité Vladimir Kaminer, qui revendique son hostilité envers ses compatriotes.
2. Anne-Sophie Chazaud, « La Culture de l'annulation s'attaque aux Russes », *Causeur*, 5 mars 2022.

Pourtant, lorsqu'on replace dans une perspective globale la campagne de propagande menée par le pouvoir, on voit que s'insurger contre la *cancel culture* n'est pas ici tant le stigmate de l'exceptionnalisme d'une culture qui croit à la culture que l'instrument d'un retour de bâton tout à fait ordinaire.

II

« Pouchkine est un vrai impérialiste » (Serhii Plokhy) Le canon russe à l'ère du soupçon

Cette mise au point initiale permet de souligner un double risque : celui d'appréhender les faits du printemps 2022 au prisme de la *cancel culture*, dans la perception du terme qui est celle des sociétés occidentales, mais aussi celui de s'exposer à une forte instrumentalisation – la preuve en est que ces panneaux se focalisent sur les cas qui se sont produits à l'Ouest, détournant l'attention de ce qui se passe en Ukraine même. Or, là-bas, on observe bien un mouvement de fond, qui consiste à évacuer ce qui concerne la langue et la culture russes, associées à l'expérience impériale puis soviétique. C'est à une transformation linguistique, artistique, sociale, fondamentale que l'on assiste : elle impacte très profondément la vie culturelle dont toute une partie était en russe, par tradition mais aussi pour des raisons pratiques liées à l'exportation des biens culturels (l'Ukrainien Andreï Kourkov a longtemps été l'auteur russophone le plus lu au monde) et à l'étroitesse du marché en langue ukrainienne comparé à l'ensemble du marché russophone, qui faisait que, jusqu'à une date récente, les livres en russe, produits en plus grand nombre, étaient beaucoup moins chers que les livres en ukrainien destinés au seul marché national.

Et c'est là-bas aussi que la guerre culturelle se joue : d'un côté, l'armée vise tout particulièrement les sites qui promeuvent la culture ukrainienne. Durant l'invasion de Borodianka, l'armée russe « fusille » la statue du poète ukrainien Tarass Chevtchenko, considéré comme un barde national. La maison-musée de Grigori Skovoroda a été rasée par les bombes le 7 mai 2022, année du tricentenaire de la naissance de celui qui est considéré comme le père des lettres ukrainiennes. Les collections, mises à l'abri au début de l'invasion, n'ont pas souffert, mais les œuvres de Maria Primatchenko, peintre naïve qui avait fasciné Picasso, n'ont pas eu cette chance lorsqu'un missile a détruit le musée d'Ivanivsk où elles étaient exposées. Quant au poète ukrainien Vassyl Stous, mort au goulag, la plaque qui le commémorait à l'université de Donetsk a été retirée par les séparatistes dès 2014. D'autres œuvres, assimilables au canon russe, sont rapatriées clandestinement en Russie : c'est le cas de tableaux d'Ivan Aïvazovski (1817-1900), originaire de Crimée, ou d'Arkhip Kouïndji (né à Marioupol, dans l'actuelle Ukraine, en 1841 et mort à Saint-Pétersbourg en 1910), ou des objets d'art scythes volés dans un musée de Mélitopol en mars 2022. Avant de quitter la ville de Kherson à l'automne 2022, les troupes russes ont emporté, selon les estimations, 15 000 objets du musée d'art Oleksyi Chovkunenko. On rapporte aussi des cas de « torture poétique » dans les geôles russes, où des prisonniers de guerre ukrainiens sont forcés de réciter le poème nationaliste « Pardonnez-nous, frères russes » de la poétesse ukrainienne russophone Irina Samarina[1]. S'il est difficile de mener une étude précise en contexte de guerre pour appréhender l'étendue de ces destructions, on voit qu'elles ont largement dépassé le cadre de l'annulation d'artistes étrangers.

Dans le camp adverse, la mobilisation de la culture est très importante, mais les stratégies sont différentes. Il est très clair qu'un grand courant patriotique et parfois franchement nationaliste traverse les productions culturelles ukrainiennes depuis 2014 : la poésie sur des thématiques nationales a le vent en poupe, et elle est même pratiquée par des figures inattendues comme Oleksandr Usik, boxeur et champion poids lourds,

1. Voir Andrey Kurkov, « 08.08.2022. Poetry and other forms of torture », *Our Daily War*, Londres, Open Borders Press, 2023.

originaire de Simféropol en Crimée et au début plutôt supporter de l'annexion, mais qui maintenant a écrit des vers souhaitant la victoire de l'Ukraine. De même, en 2024, le Prix Tarass Chevtchenko, la plus haute distinction littéraire du pays, est allé à Iaryna Tchornohouz, poétesse et caporale-cheffe de l'armée, qui l'a reçu en uniforme. Toutefois, on ne sent pas en Ukraine de volonté de rejouer la mobilisation et l'encadrement idéologique des auteurs que l'URSS a connus entre 1941 et 1945. Si le pays a maintenant ses écrivains du front, comme Artem Chapeye ou Artem Tchekh, on est loin de l'époque d'un Vassili Grossman ou d'un Konstantin Simonov, gloires de la littérature soviétique accompagnant l'Armée rouge sur tous ses terrains, ou du destin de Mikhaïl Cholokhov ou de Viktor Nekrassov, chargés après la Grande Guerre patriotique d'entretenir la flamme par des récits sur cette période – ils n'auront de fait plus la possibilité d'écrire autre chose. En Ukraine, les écrivains qui montent au front le font comme citoyens et ne se considèrent pas comme des écrivains de guerre tenus de l'être jusqu'à la fin de leur carrière : comme l'a précisé Artem Chapeye, formé à l'existentialisme français, son engagement procède d'un choix individuel libre et il ne se fait pas sous l'influence du discours patriotique ou d'une injonction de l'État[1]. Et souvent, « l'art engagé » laisse malgré tout de l'espace pour une production artistique autonome. On peut comparer à cet égard les destins littéraires dissymétriques de deux poétesses du Donbass, Anna Reviakina, pro-Poutine, bardée de prix et exhibée dans toutes les manifestations soutenant l'annexion de la région, qui consacre la quasi-totalité de son œuvre à des thématiques politiques, et l'Ukrainienne Luba Yakymtchouk, dont l'œuvre est imprégnée du sentiment de la perte de sa région natale de Louhansk mais qui offre aussi une réflexion poétique sur bien d'autres sujets, comme la place des femmes ou la relation aux grandes figures de la tradition littéraire ukrainienne.

Au niveau des institutions, on tente de limiter la présence de la « culture de l'agresseur », mais avec un positionnement différent de celui des Russes. D'une part, l'Ukraine joue la carte de la légalité, là où la Russie a fait du crime culturel sa marque de fabrique : nous avons déjà cité la loi de mai 2023 encourageant le démantèlement des statues et autres dispositifs mémoriels à l'effigie d'auteurs considérés comme des promoteurs de la culture impérialiste russe, mesure qui permet d'encadrer le processus et de remplacer les

1. Artem Chapeye, *Les Gens ordinaires ne portent pas de mitraillettes*, traduit de l'ukrainien par Iryna Dmytrychyn, Paris, Bayard, 2024.

œuvres démontées par d'autres. Un projet de loi adopté à l'unanimité par le Parlement ukrainien évoquait également « *la mise en œuvre de certaines restrictions d'importation et de distribution de produits éditoriaux relatifs à l'État agresseur, à la Biélorussie et à certains territoires ukrainiens occupés* ». Il ne sera finalement pas mis en œuvre, car de telles mesures seraient un obstacle à l'entrée de l'Ukraine dans l'Union européenne – cette tentative témoigne néanmoins de la volonté d'encadrer sur le plan légal la réévaluation et la limitation des objets culturels rappelant l'emprise du voisin.

D'autre part, l'Ukraine parie moins sur la destruction que sur le recyclage – au sens propre. Des initiatives individuelles, qui pourraient elles aussi être transformées en texte de loi, proposent de confier les publications en russe à des filières spécialisées dans la transformation du papier : les sommes, assez maigres, dégagées par le rachat de la matière première des ouvrages sont reversées à l'effort de guerre. Par exemple, un café de Kharkiv situé dans une ex-rue Pouchkine échange les livres en russe des clients contre un rabais sur les boissons chaudes et se charge de la mise au pilon[1].

1. « A cafe in Kharkiv announced discounts for Russian books handed over to waste paper », *The Eastern Herald*, 1 mars 2023.

Mais on n'assiste pas pour autant à une éradication généralisée et violente. Bien entendu, la remise en cause de la culture russe est bien plus conséquente qu'en Europe – pourtant même là, tout n'est pas anéantissement aveugle. Dans une excellente enquête menée auprès de bibliothécaires ukrainiens, Florence Aubenas souligne que les livres du canon classique russe sont bien sortis des rayons, mais en général pour être entreposés dans les réserves[1]. Il s'agit de mettre à l'écart plutôt que de faire disparaître, notamment pour faire de la place aux livres en ukrainien, dont la lecture était jusqu'ici plus rare. Quant aux discussions sur le canon, elles sont plurielles : le légendaire bar de Kiev, Barman Dictat, qui fait aussi désormais office d'abri antiaérien, héberge le « Club des passionnés d'histoire », qui a organisé une séance pour déterminer si Gogol était russe ou ukrainien : la réponse ne fait pas consensus et les défenseurs du romancier sont nombreux[2]. Quant au ministère de la Culture ukrainien, il a opposé un « non » définitif aux demandes de fermeture du musée dédié à Mikhaïl Boulgakov, né à Kiev, mais jugé par certains « anti-ukrainien » – même pour le remplacer par un établissement dédié

1. Florence Aubenas, « Exit Pouchkine, Dostoïevski, Tolstoï… Grand ménage dans les bibliothèques d'Ukraine », *Le Monde*, 3 mars 2024.
2. Marco Ventura, « Guerra Ucraina, i bar segreti per dimenticare le bombe: drink e musica nei locali sotterranei », *Il Gazzetino*, 3 juillet 2023.

à Oleksandr Koshetz, célèbre figure de l'art choral, une des spécificités nationales. Andreï Kourkov rappelle d'ailleurs que le débat autour de Boulgakov, auquel nous reviendrons, reste d'actualité : contrairement à Pouchkine qui est, selon l'écrivain, « *devenu un étranger* » pour les Ukrainiens, les avis sont partagés concernant l'héritage du romancier soviétique[1]. Oksana Zaboujko, dont nous avons déjà évoqué l'action pour dissiper l'aura dont bénéficie la littérature russe en Ukraine et à l'étranger, milite par exemple depuis 2015 pour mettre fin au *culte* de l'auteur, souvent figuré comme un martyr de l'époque stalinienne et très prisé par les jeunes russophones d'aujourd'hui, qui n'hésitent pas à s'afficher avec divers produits de *merchandising* littéraire inspirés de son grand roman[2] – mais interroger son culte n'est pas la même chose que demander de brûler ses œuvres[3].

Alors circulez, il n'y a rien à voir ? Si le bannissement à grande échelle des artistes russes, si l'effacement du canon n'ont pas eu lieu en Occident, si

1. Andrey Kurkov, « 6.09.2022. Uman gets ready for the Jewish New Year », *op. cit.*
2. Cf. Daria Sinichkina, « Les Voies de la classicalisation à la charnière des XXe et XXIe siècles : l'histoire de la littérature et la culture de masse », intervention à la journée d'études « Pour une nouvelle histoire de la littérature russe », vidéo youtube, 26 avril 2019.
3. Оксана Забужко, « Этот проклятый 'квартирный вопрос.' », Радио Свобода, 18 juin 2015.

même en Ukraine on instaure un cadre légal, on troque l'autodafé contre un vertueux recyclage, on fait parfois preuve d'une certaine modération dans l'application des mesures, pourquoi parler d'une culture en procès ? Parce que le printemps noir de 2022 a profondément rebattu les cartes dans la façon dont on se rapporte aux objets culturels venus de Russie. Le changement est autant qualitatif que quantitatif : l'art russe est entré dans l'ère du soupçon. Non seulement son potentiel éthique est contesté, mais il fait figure d'infréquentable : en Ukraine, le chatbot @cancel_pushkin_bot vous propose d'entrer le nom d'un auteur russe, et une réponse générée par l'intelligence artificielle vous dit si vous pouvez encore le lire ou pas. Et ils ne sont pas nombreux à réussir le test – et certainement pas Pouchkine, ce « *vrai impérialiste* », comme le dit le grand historien de l'Ukraine moderne et contemporaine Serhii Plokhy, professeur à Harvard[1].

Pouchkine, d'ailleurs, venons-y. L'exemple de ses statues dégradées ou déboulonnées, plus voyant, a beaucoup mobilisé : dès les premiers jours de la guerre, c'est en effet à cet auteur, dont 594 rues ukrainiennes portaient le nom en 2017 (un tout

1. Cité dans Charlotte Higgins, « Pushkin must fall: monuments to Russia's national poet under threat in Ukraine », *The Guardian*, 5 mai 2023.

petit peu moins que Tarass Chevtchenko ou le cosmonaute Iouri Gagarine), que les citoyens, puis les pouvoirs publics, s'en sont pris. On compte une quarantaine de déboulonnages ou de débaptisations aujourd'hui, mais un décompte exact est impossible dans le contexte actuel[1]. De la même manière, on ne dispose pas encore d'une étude globale permettant de savoir ce que sont devenues ces statues, ni si elles intégreront un parc mémoriel comme l'on fait beaucoup de statues de dirigeants communistes dans les pays de l'Est, à l'exemple du Memento Park de Budapest – autre exemple de recyclage, mémoriel cette fois.

Car, loin du spectre d'une disparition complète que fait souvent craindre la notion de *cancel culture*, les pays post-communistes ont en effet inventé des formes de mémoire permettant de rompre avec la sacralisation et donc de signifier la fin d'un régime de valeurs, sans pour autant supprimer les traces historiques des époques passées. Il n'y aura peut-être pas en Ukraine de « musée Pouchkine » d'un nouveau genre, composé des statues mises à bas depuis 2022, mais pour autant on ne peut pas dire que Pouchkine ait été éradiqué : au contraire, on n'a jamais autant parlé de l'écrivain,

---

1. Une page wikipédia en ukrainien, dont la version anglaise est également accessible, fait un décompte relativement à jour des cas recensés.

même si c'est pour évoquer la lecture critique qu'on peut faire de son œuvre au miroir de la guerre – ce n'est pas un hasard si l'on dit en ukrainien : « *Qui remue le passé perd un œil ; qui l'oublie perd les deux.* » Là encore, le prisme de la *cancel culture* fait écran à la compréhension de la nature des phénomènes dont nous sommes témoins. Faire tomber Pouchkine de son piédestal ne signifie pas l'effacer de l'histoire, mais mettre en lumière le rôle qu'il a joué pour consolider l'empire russe, à son corps défendant ou, selon des lectures de plus en plus fréquentes côté ukrainien, en ayant fait lui-même circuler des stéréotypes et des attitudes de type colonial.

Évidemment, la mise à bas d'une statue d'écrivain ou la disparition d'un roman des rayonnages des bibliothèques ou des librairies n'est pas de nature à provoquer la satisfaction du public érudit, pas plus que celle de la communauté des slavistes à laquelle appartient l'auteur de ces lignes : cela entre en contradiction directe avec l'une des fonctions que l'on assigne à la culture, à savoir la préservation de la mémoire collective à travers la constitution d'un répertoire de références communes et généralement considérées comme alliant valeur esthétique et grandeur morale. Mais ne peut-on comprendre ce geste comme autre chose qu'un simple acte de vandalisme, de détestation aveugle ou de revanche ?

Car Pouchkine et ses statues ne sont pas là par hasard : ils sont un exemple typique de l'instrumentalisation de la culture à des fins politiques que l'on observe dans l'espace russophone, d'abord sous l'Empire russe, puis en URSS et jusqu'à nos jours. Nous qui vivons dans un espace saturé de statues de grands hommes, nous savons que ce phénomène est loin d'être idiosyncrasique. Mais le cas russe présente ici encore une spécificité qui explique l'intensité prise par cette utilisation de la culture pour consolider l'aura nationale. On y observe une double fétichisation des artistes, d'abord parce qu'au début du XIXe siècle, la Russie, encore considérée comme une nation jeune, cherche à affirmer son autonomie et sa singularité *via* les arts, ensuite parce que, une fois devenue un État reconnu et même une puissance coloniale, elle investit la culture comme preuve de grandeur et d'unité. Auteur de la première moitié du XIXe siècle fétichisé dans la seconde, Pouchkine fait le lien entre ces deux versants et sa figure s'est imposée comme le plus puissant opérateur de russification, au début pour démontrer l'unité d'un territoire en réalité fragmenté et augmenté au gré aléatoire des conquêtes, puis comme symbole de *soft power* vers l'étranger.

C'est dans cette perspective que Pouchkine est devenu, en 1880, le premier artiste et le premier personnage privé (c'est-à-dire ni militaire, ni homme d'État, ni membre de la famille impériale) à avoir bénéficié d'un monument officiel sur le territoire de l'Empire. À l'occasion de l'inauguration de cette statue à Moscou en 1880, Dostoïevski prononce un grand discours qui fait date : il y vole dans les plumes de son émule Ivan Tourguéniev, qui avait osé souligner la faible contribution de la littérature russe à la culture mondiale, arguant du fait que la Russie ne disposait pas d'un auteur universellement reconnu comme génial et susceptible de parler à tous. Cet auteur existe, rétorque Dostoïevski : c'est Pouchkine, qui a réussi à synthétiser toutes les influences européennes, le rendant parfaitement soluble dans la littérature mondiale[1], et à leur donner une forme idiosyncrasique, que l'on reconnaît comme typiquement russe et qui empêche les Européens de l'imiter à leur tour. Il est un opérateur de distinction externe et d'unification interne : il signale *de facto* que la Russie est dans la place.

À cette époque, Pouchkine est défini par les Russes, selon une formule célèbre, comme « notre tout » – pas

1. Tourguéniev était bien placé pour savoir que ce n'était pas le cas, car il avait tenté sans succès de faire apprécier Pouchkine à ses amis européens : une anecdote apocryphe rapportée par Tommaso Landolfi rapporte qu'il avait traduit quatre poèmes de Pouchkine avec Flaubert, et que le romancier français lui aurait fait ce commentaire lapidaire : « *c'est plat, mon cher !* »

simplement une figure d'attachement, mais aussi ce qui permet à la Russie, empire éclaté et multiethnique, d'*être* un tout, de prouver son existence en tant que nation. Son utilité était donc toute trouvée pour le pouvoir, qui investira le jubilé de 1899 comme un rattrapage du couronnement manqué de Nicolas II (une bousculade avait causé la mort de plus de mille personnes sur le champ de la Khodynka en 1896) : c'est l'occasion d'organiser de nombreux événements festifs, de distribuer moult *goodies*, bref, de créer *via* les célébrations autour de Pouchkine le sentiment d'une communauté unie[1].

1. Dans sa thèse délicieuse sur les jubilés pouchkiniens, la slaviste Sophie Pinkham cite le cas d'une compétition cyclique « de toutes les Russies à la mémoire de Pouchkine » ou encore un grand rassemblement de tous les citoyens qui portent le nom d'Eugène Onéguine, le héros le plus célèbre de l'auteur (Sophie Pinkham, *Pushkin for President : Russian Literary Cults in the Transition from Communism*, PhD, Université de Columbia, New York, 2019, p. 30, p. 88). Voir aussi les spécialistes du culte pouchkinien Stephanie Sandler (*Commemorating Pushkin : Russia's Myth of a National Poet*, Stanford University Press, 2004) et Marcus Lewitt (*Russian Literary Politics and the Pushkin Celebration of 1880*, Itacha, Cornell University Press, 1989), ainsi que l'article de Cédric Pernette : Cédric Pernette, « Puškin n'est jamais venu à Perm′. Mais il aurait pu. », *Revue des études slaves*, XCIII-2-3 | 2022, p. 333-351 ; et celui d'Alexeï Vdovine : А. В. Вдовин, « Годовщина смерти литератора как праздник : к истории традиции в России (1850–1900-е гг.) », *Festkultur in der russischen Literatur (18. bis 21. Jahrhundert)/Культура праздника в русской литературе XVIII–XXI вв.*, sous la direction d'A. Graf, Munich, UTZ Verlag, 2011, p. 81-93.

La critique Katia Margolis réprouve la panthéonisation de la figure de Pouchkine en suggérant que la formule « Pouchkine, notre tout » signifierait aussi « tout est à nous », parce qu'un peuple ayant engendré un poète aussi génial disposerait tout naturellement d'un droit à l'expansion destiné à faire profiter les voisins de sa supériorité[1]. Le socle de la statue de 1880 porte une citation de l'écrivain expliquant que sa poésie résonnera dans toutes les langues des peuples de l'Empire et, *de facto*, placer une statue de Pouchkine quelque part, c'est dire qu'il y a une projection unifiante du centre vers la périphérie, portée par la voix du poète résonnant dans les langues locales, c'est donc dire qu'il y a empire – empire des tsars ou des Soviets, car l'URSS ne s'est pas privée de faire de même. En 1937, au plus fort des répressions staliniennes et des persécutions contre les écrivains, le premier centenaire de la mort de Pouchkine prend la forme d'un jubilé triomphal qui produit de nombreuses images de populations issues des républiques soviétiques convergeant joyeusement vers une statue de l'écrivain : ces représentations iréniques servent à valider l'idée que l'organisation de l'État soviétique, comme celle de l'Empire russe, ne procède pas d'un

1. Katia Margolis, « Notre tout ou tout est à nous », *Desk Russie*, 27 janvier 2024.

processus colonial, mais d'une association spontanée et heureuse sous la bannière du pouvoir central[1].

Et après la « *colonisation intérieure*[2] » du territoire de l'Empire, après l'extension vers les nouveaux territoires conquis par les tsars ou soviétisés par l'URSS, Pouchkine est aussi utilisé sur le plan international. Les dirigeants postsoviétiques continuent d'activer cette identification de Pouchkine à la Russie en offrant des statues de l'écrivain ici et là : la dissémination de ces cadeaux, qui ont tendance à migrer de l'Europe vers l'Extrême-Orient depuis le début des années 2000, témoigne des changements de stratégie géopolitique amorcés par le pays et montre qu'il s'agit d'une tendance structurelle. Vladimir Poutine, qui a tenu un débat sur Pouchkine avec des enseignants en octobre 2022, au plus fort de la guerre[3], n'a pas fait évoluer ce modèle qui associe l'écrivain aux démonstrations de puissance : dès le début de l'invasion totale

1. L'Ukraine est particulièrement concernée, ainsi que l'a montré Serhy Yekelchyk (*Stalin's Empire of Memory : Russian-Ukrainian Relations in the Soviet Historical Imagination*, Toronto, Toronto University Press, 2014).

2. Nous renvoyons au texte fondateur d'Alexander Etkind : Alexander Etkind, *Internal Colonization. Russia's Imperial Experience*, Cambridge, Polity Press, 2011.

3. « Ruminating on rebellion, Putin says the state must be strong », *Reuters*, 5 octobre 2022 ; cité par Thomas de Waal, « Taking Pushkin off his pedestal », *Engelbserg Ideas*, 12 avril 2023.

de l'Ukraine, l'armée russe a semé, non des statues, par manque de temps, mais des panneaux ornés du portrait du poète et de citations de ce dernier décrivant l'Ukraine comme une des plus jolies régions de l'Empire russe.

Pouchkine n'est donc pas simplement un grand auteur : son culte constitue pour la Russie une « *tradition inventée* », selon la formule célèbre d'Eric Hobsbawm et Terence Ranger. C'est un écrivain dont le pouvoir s'est emparé après sa mort pour façonner une certaine image du pays sur les plans intérieur et extérieur, pour donner le sentiment d'une communauté, d'une continuité historique et territoriale[1]. Ôter une statue de Pouchkine de l'espace public ukrainien, ce n'est pas commettre un délit de mémoire : c'est mettre au jour l'existence de ce processus et donc reconnaître l'épaisseur du passé même. L'ôter pour la remplacer par une autre, c'est récuser ce récit hégémonique et donner une autre direction à la mémoire collective. Le geste ukrainien concernant les statues de Pouchkine a donc à la même fonction sociale que celui qui avait présidé à leur érection, il lui est parfaitement

1. Voir par exemple l'étude de Viktoria Sukovata qui s'inspire de la notion de « communautés imaginées » de Benedict Anderson : Viktoria Sukovata, « Demolition of Monuments as a Phenomenon of Culture in Global and Local Contexts : Iconoclasm, 'New Barbarity', or a Utopia of Memory ? », *Studies on National Movements*, n° 10, vol. 1, 2022, p. 44-73.

symétrique : il s'agit de recomposer un récit national, où cette fois la part russe n'appartient plus à l'héritage historique revendiqué au présent.

On constate d'ailleurs que ces déboulonnages, qu'on analyse souvent comme procédant d'une mode importée depuis le continent américain, ont eu lieu selon une chronologie nationale propre : ils débutent pour Lénine en 2014, année où après de longues semaines de quasi-guerre civile les Ukrainiens s'émancipent de la tutelle politique du puissant voisin[1], et pour Pouchkine en 2022, année de la guerre à grande échelle où il s'agit à nouveau de se battre pour défendre son droit à l'autonomie. De manière significative, l'exemple canonique donné par Eric Hobsbawm et Terence Ranger pour ces « traditions inventées » était celui de la reconstruction du Parlement de Londres après la Seconde Guerre mondiale : la guerre, moment de ruptures fortes dans le tissu social et politique et parfois de transformation des frontières d'un pays, active souvent ce type de pulsions mémorielles, qui ne sont pas un simple retour au passé, mais une reconfiguration de celui-ci dans une volonté de lisser les soubresauts de l'histoire.

La culture est un terrain de jeu particulièrement fécond à cet égard, puisqu'elle sélectionne des figures

1. Voir Dominique Colas, *Poutine, l'Ukraine et les statues de Lénine*, Paris, Les Presses de Sciences Po, 2023.

incarnant des valeurs nationales et susceptibles de fixer le contenu et les contours de l'histoire et de la géographie d'un pays. L'invasion de 2022 est ainsi le théâtre d'une lutte autour du canon. Russes et Ukrainiens s'étaient déjà affrontés en 2009 au moment du bicentenaire de la naissance de l'écrivain Nikolaï Gogol (1809-1852), né sur le territoire de l'actuelle Ukraine, mais mort à Moscou après avoir défendu l'Empire russe dans son versant le plus conservateur pendant toute la dernière partie de sa carrière. Désormais, c'est à une interrogation généralisée sur les frontières du canon que l'on assiste : alors que l'Ukraine n'existait pas comme État indépendant au XIXe siècle, « âge d'or » de la littérature et de l'art russes, doit-elle pour autant céder à la Russie les artistes et écrivains nés sur son territoire durant cette période ? À l'inverse, restituer ces derniers à l'Ukraine n'est-il pas erroné sur le plan historique alors qu'une entité nationale établie n'existait alors pas ? En l'absence de consensus, les institutions culturelles font des choix différents : le peintre Ilia Répine est présenté dans les musées anglo-saxons comme ukrainiens depuis 2022, alors que leurs épigones français continuent de le présenter comme russe.

La question est épineuse : d'un côté, Répine est célèbre pour ses peintures historiques, dont beaucoup évoquent la violence du pouvoir des tsars, ainsi que pour ses portraits de ses contemporains, de Tolstoï à Moussorgski, qui ont contribué à former le canon classique – cette fameuse « grande culture russe » aujourd'hui accusée. Né près de Kharkiv, alors Kharkov, il a effectué l'ensemble de sa carrière sur le territoire russe de l'Empire, tout en maintenant des liens forts avec sa région natale : il consacre de nombreuses toiles aux paysages et à l'histoire de l'Ukraine. L'une de ses œuvres les plus célèbres, *On ne l'attendait pas* (1883-1888), montre le retour d'un prisonnier politique dans sa famille – on ignore pour quel crime il a été condamné, mais le portrait au mur de l'écrivain Tarass Chevtchenko, icône du combat pour l'indépendance de l'Ukraine, suggère que ces luttes n'y sont peut-être pas pour rien. Alors, de quel côté est le peintre ? Russe ou Ukrainien ?

Toute réponse incontestable semble impossible, car il est moins question ici d'identité effective que de constitution rétrospective d'une mémoire historique[1]. Impossible, et peut-être même, sur le fond, peu souhaitable. Le canon littéraire russe n'est pas le seul à connaître ces difficultés liées à l'évolution des frontières des nations ou à la dissolution des

1. Cf. Catherine Géry, « Les Classiques face aux pouvoirs ou une petite histoire de la construction, de la déconstruction et de la reconstruction du canon littéraire russe », *Slavica Occitania*, n° 44-45, 2017, p. 287-301.

empires coloniaux : outre le cas bien connu de Kafka, on pense aussi à Joseph Conrad, Paul Celan ou à Stanislav Lem et Aharon Appelfeld, qui présentent des problématiques similaires, liées notamment à l'exil et aux violences historiques. Mais ce qui reste considéré comme des cas exceptionnels est sans doute amené à devenir plus fréquent dans le monde littéraire fluide que nous connaissons et la polémique pour savoir ce qu'*est* Répine ou ce que sont d'autres auteurs nés en Ukraine peut aussi inciter à changer notre regard sur l'histoire de la littérature en trouvant des manières adéquates et non-réductrices de nommer ces identités qu'on peut trouver fuyantes – ou foisonnantes.

En tout cas, dans le cas de Répine, la philologie peut entrer en collision directe avec la mémoire. C'est l'amère expérience qu'a faite Olga Medvedkova, l'une des plus grandes spécialistes françaises de l'art russe. Avant la guerre, cette dernière s'était exprimée de manière défavorable sur l'exposition « Ilya Répine. Peindre l'âme russe » au Petit Palais : elle en critiquait à la fois le titre, manipulant sans distance critique la notion d'« âme russe » qui par le mystère qu'elle suggère a souvent nourri l'exceptionnalisme national, et les choix scénographiques qui, à l'inverse des autres villes où l'exposition avait été présentée, donnaient dans le bulbe d'oignons doré et le rouge soutenu et transformaient *de facto* l'artiste en instrument de *soft power*, consolidant une image mythifiée de la Russie éternelle[1]. Or, elle a été à son tour vertement attaquée lorsqu'elle a fait paraître quelques mois plus tard, avec Philippe Malgouyres, un ouvrage passionnant, *Penser l'art russe du XIXe siècle. 30 tableaux vus autrement*, qui fait la part belle à Répine : l'universitaire d'origine ukrainienne Olena Havrylchyk leur a reproché une appropriation culturelle du patrimoine ukrainien, ici présenté comme appartenant à « l'art russe », au moment même où les musées partout dans le monde se posaient la question de la bonne manière d'assigner une nationalité à l'auteur de ces œuvres[2]. Ici encore, il ne s'agit pas de savoir qui a raison, mais de constater à quel point la (re)construction d'une mémoire autonome en Ukraine rend la question des objets d'art absolument brûlante.

D'autant que la question n'est pas uniquement de savoir si les artistes sont nés sur le territoire actuel de l'Ukraine, mais bien de savoir s'ils et elles se qualifient pour le statut d'« auteur national ». De même

1. Olga Medvedkova, « Ilya Répine : pour en finir avec l'"âme russe" », 6 avril 2022, site de la Société des Études Romantiques et Dix-neuviémistes.
2. Olena Havrylchyk, « Les exemples sont nombreux de musées français qui ont participé à la propagation des narratifs impérialistes russes à travers l'art », *Le Monde*, 16 mars 2023.

que l'on réclame un certain nombre d'artistes intégrés traditionnellement au canon russe (les peintres David Bourliouk ou Kazimir Malévitch[1], par exemple), au nom du fait que l'Ukraine est très présente dans leurs œuvres (on songe aux paysannes du Malévitch dernière période), d'autres sont rejetés hors du canon pour des raisons idéologiques.

Ainsi de Mikhaïl Boulgakov, l'auteur du légendaire roman *Le Maître et Marguerite*, né à Kiev en 1891, et pourtant déclaré *persona non grata* dans le canon national : la plaque qui le commémorait à l'université de sa ville natale a été retirée, celle qui ornait son musée à Kiev dégradée avec de la peinture rouge sang. Son crime ? Avoir critiqué le nationalisme ukrainien dans plusieurs de ses textes, tournant en ridicule la promotion de la langue et de la culture de la zone. En réalité, Boulgakov est assez typique de la bourgeoisie érudite de Kiev du début du XXe siècle, qui se vit comme très cosmopolite et regarde parfois avec dérision les tentatives d'affirmer une culture nationale correspondant, pour elle, aux mœurs rustiques des paysans : mieux vaut regarder vers Moscou, où Boulgakov s'installe en 1921, à l'instar de très nombreuses figures culturelles « provinciales » de son époque. Verdict : alors même qu'il n'a cessé de parler de l'Ukraine et de Kiev en

1. Qui lui-même est né de parents polonais.

particulier dans ses œuvres, le voilà désigné comme « anti-ukrainien ».

Même dilemme avec Gogol : le peintre des veillées ukrainiennes déménage dès qu'il peut à Saint-Pétersbourg, épicentre du pouvoir et capitale littéraire, et se mue progressivement en thuriféraire du régime conservateur de Nicolas Ier et en soutien sans faille des courants les plus rigoristes de l'Église orthodoxe – à tel point que, tombé sous la coupe d'un prêtre fanatique, il meurt de jeûnes excessifs, après avoir renié et peut-être brûlé sa dernière œuvre.

Dans le viseur d'Ukrainiens d'aujourd'hui, *Tarass Boulba* : publiée par Gogol sous forme de « conte ukrainien » en 1835 et destinée à mettre en lumière un pan méconnu de l'histoire des cosaques, la nouvelle reparaît comme « roman russe » en 1842[1]. Son personnage éponyme, de méchant assez traditionnel des fictions à la Walter Scott, devient alors une figure à peu près héroïque, ou en tout cas absoute (après avoir pourtant massacré quantité de Juifs et de Polonais) pour avoir depuis le bûcher – où on est assez soulagé de le voir finir – prophétisé la venue d'un grand tsar russe rédempteur. En 2009, on avait

1. Voir Saera Yoon, « Transformation of a Ukrainian Cossack into a Russian Warrior : Gogol's 1842 "Taras Bulba" », *The Slavic and East European Journal*, n° 49, vol. 3, 430, 2005, p. 430-444.

traduit ses œuvres dans la langue nationale (Gogol écrivait dans un russe parfois mâtiné de termes ukrainiens) et ukrainisé les lieux et les personnages ; en 2022, *exit* le grand auteur, qui doit pour certains finir au pilori des artistes ayant pactisé avec l'ennemi héréditaire.

C'est que le paradigme a changé : désormais, pour de nombreux lecteurs, Gogol ou Boulgakov sont anti-ukrainiens, de même que, pour reprendre le titre de notre chapitre, « Pouchkine est un vrai impérialiste ». Ce qu'on leur reproche, ce n'est donc pas d'avoir été approprié par le pouvoir *post mortem* : on les incrimine non pour ce qu'on a fait de leurs œuvres, mais bien pour ce qu'ils *sont.* Cette réduction aux opinions politiques, elles-mêmes fortement moralisées, et que d'aucuns assimilent à une « *dictature des identités*[1] » est sensible dans la phrase qui a circulé en Ukraine après 2014 : « *Dis-moi à qui appartient la Crimée et je te dirai qui tu es.* »

Mais est-il si facile de dire qui *est* un écrivain ? C'est en tout cas une rupture très profonde avec les paradigmes d'analyse littéraire qui présidaient jusque-là et au sein desquels on avait tendance à privilégier le discours des œuvres sur le positionnement de leurs auteurs – ainsi, les romans du royaliste Balzac sont

1. Laurent Dubreuil, *La Dictature des identités*, Paris, Gallimard, 2019.

des totems de la critique marxiste et matérialiste. C'est aussi une perte par rapport à la pluralité de significations que pouvait avoir, par exemple, Pouchkine : en marge de l'« *amour poisseux* » (D. Bykov) que le pouvoir a toujours porté à l'écrivain, il restait jusqu'à récemment une figure susceptible de connaître des appropriations très diverses. C'est sous la fameuse statue de Pouchkine à Moscou qu'est né le mouvement dissident des années 1960 – et que se sont spontanément réunis les opposants à la guerre en Ukraine le soir du 24 février 2022. Mais aujourd'hui, impossible d'avoir « son » Pouchkine, comme le revendiquait jadis Marina Tsvétaïeva[1] : le fait d'*être* un impérialiste supprime toute possibilité de compréhension plurielle, ce qui était pourtant l'une des marques de fabrique du mythe pouchkinien. Les pro-russes d'Ukraine sont aujourd'hui désignés, sans nuance et en bloc, par le terme de « pouchkinistes ».

Cela montre que, dans le cas Pouchkine, sous la statue, c'est bien aussi l'homme et l'œuvre qu'on vise : mais que leur reproche-t-on au juste ? Pouchkine a une vision de l'Ukraine très négative, liée à la fois au contexte de son époque et à son expérience personnelle. Alors qu'il est tout jeune homme, entre 1817 et

1. Marina Tvsetaïeva, *Mon Pouchkine*, traduction André Markowicz, Arles, Actes Sud, 2012.

1819, il compose des poèmes politiques dont la célèbre « Ode à la liberté » qui devient l'hymne non officiel des cercles libéraux presque aussi vite qu'elle est jugée séditieuse par le tsar Alexandre Ier. Comment punir le jeune poète aux allures d'insurgé littéraire, déjà aux avant-postes de l'art et de la politique de son temps ? Sera-t-il exilé en Sibérie, envoyé en prison à la forteresse Pierre-et-Paul ? Ce sera finalement une relégation à Ekaterinoslav, aujourd'hui Dnipro, sous les ordres du général Insov, gouverneur des provinces du Sud, où Pouchkine arrive en 1820 : c'est dire si l'Ukraine est pour lui une punition. L'écrivain déteste l'endroit, mais cela ne lui fait pas passer le goût des fredaines : en 1823, il est cette fois envoyé à Odessa, où il courtise l'épouse de son supérieur – lequel l'envoie inspecter les plaines du Dniepr ravagées par les sauterelles, ce qui plonge dans un ennui mortel cet aristocrate qui se doit de servir l'État comme le veut le statut de la noblesse russe.

La région est donc associée pour lui à un contexte de brimades et de répression, et c'est le premier terrain sur lequel va se déployer le mythe littéraire d'un poète épris de liberté et pourchassé par le pouvoir – jusqu'à sa mort en 1837, dans un duel dont on attribue traditionnellement la responsabilité au tsar Nicolas Ier, sans qu'aucune preuve n'ait jamais été apportée. Cet exil est ainsi l'occasion de découvrir des espaces méridionaux qui lui inspirent de longs poèmes narratifs dits « du Sud » et qui renforcent dans la littérature russe son aura de proto-Byron. Mais dans un registre bien plus prosaïque, il se plaint dans sa correspondance que l'université de Kharkov ne vaut pas mieux qu'une taverne de Koursk et il n'hésite pas à véhiculer abondamment le stéréotype de l'Ukrainien arriviste et sans scrupule. Passe encore qu'il épingle dans son poème « Ma généalogie » un courtisan matois venu de « Petite-Russie » et prêt à tout pour réussir auprès du tsar[1], mais il s'en prend

1. Depuis la tsarine Elizaveta Petrovna et son amant-premier conseiller Razoumovski au XVIIIe siècle, les Ukrainiens étaient très nombreux à faire carrière à la cour des tsars, acquérant souvent des titres de noblesse à cette occasion, comme la famille Bezborodko qui devint l'une des plus éminentes de l'Empire. Cette noblesse nouvelle entre en concurrence avec la noblesse russe historique, sur le modèle de la « noblesse d'Empire » dans la France du XIXe siècle. D'autre part, le système colonial russe est à géométrie variable et accorde parfois plus de droits dans les territoires conquis qu'aux citoyens ethniquement russes : ainsi, les Polonais disposent d'une constitution et les Finlandais ne sont pas soumis au servage. Cela crée des frustrations et des jalousies envers les populations colonisées qui s'expriment très souvent dans les documents d'époque. Cf. Geoffrey A. Hosking, *Russia : People and Empire, 1552-1917*, Harvard, Harvard University Press, 1997 ; Ronald G. Suny, "The Empire Strikes Out", in *A State of Nations : Empire and Nation-Building in the Age of Lenin and Stalin*, sous la direction de Ronald Suny et Terry Martin, Oxford, Oxford University Press, 2011, p. 23-67 ; Mark Basin, *Imperial Visions : Nationaliste Imagination and Geographical Expansion in the Russian Far East, 1840-1865*, Cambridge, Cambridge University Press, 1999.

aussi à Gogol, qui lui aurait chipé en 1835 l'idée qui donnera la pièce *Le Révizor* – en bon Ukrainien chapardeur et âpre au gain, suggère le poète[1].

C'est un nouveau chapitre des griefs politiques adressés à Pouchkine – l'homme et non la statue. Venu des États-Unis, le paradigme des études postcoloniales a depuis longtemps souligné que l'auteur, pourtant farouchement opposé à la politique du tsar sur le plan des libertés individuelles, a joué un rôle fondamental dans la promotion de la conquête du Caucase : entre 1820 et sa mort en 1837, il présente la zone, objet de guerres épouvantables jusqu'à nos jours, comme un territoire déjà conquis par l'Empire, un espace dont l'histoire glorieuse est derrière lui et que n'attend désormais que la soumission, ce qui est historiquement faux. Les poèmes caucasiens de Pouchkine auraient ainsi contribué de manière décisive à la découverte du

1. L'Ukraine a mauvaise réputation chez de nombreux écrivains « russes » : pour le poète soviétique puis américain Joseph Brodsky, elle est une terre d'antisémitisme ; le dernier texte publié par Alexandre Soljénitsyne avant sa mort en 2008 est un pamphlet contre la reconnaissance de l'Holodomor, la grande famine ukrainienne orchestrée par Staline. De la même manière que pour Pouchkine, le pourfendeur du goulag, associé à la défense des libertés individuelles et à l'engagement politique et humaniste de l'écrivain russe, « bute » sur l'Ukraine. Aujourd'hui, certains critiques résistent à l'idée de renommer « ukrainiennes » plutôt que « russes » les élites modernistes du début du XXe siècle, pour mieux les distinguer de courants nationalistes qui avaient fleuri à l'époque.

Caucase par ses concitoyens – mais à une découverte biaisée par un présupposé impérialiste qui veut que rien ne résiste à la conquête russe. On est bien loin de l'approche plus tourmentée d'un Tolstoï qui, dans sa nouvelle caucasienne *Hadji Mourat*, décrit l'assaut d'un *aoul*, village autochtone, du point de vue des soldats russes comme de celui des habitants et va jusqu'à écrire dix fins différentes à son histoire, tant son désir est grand de ne pas laisser le dernier mot aux troupes impériales[1]. On ne trouvera pas la même ambition chez Pouchkine, pourtant érigé en poète opposant au pouvoir par l'historiographie littéraire.

Ce reproche ne date pas d'hier : dans son cours sur *Les Slaves* donné au Collège de France dans les années 1830, le poète polonais Adam Mickiewicz dressait déjà un tableau sans concession du poète national russe, gorgé d'influences européennes et parfaitement cosmopolite, mais prompt à se transformer en harpie nationaliste dès qu'il est question du destin et de la place de la Russie dans le concert des Nations[2].

1. Cf. Elif Batuman, « Rereading Russian Classics in the Shadow of the Ukraine War », *The New Yorker*, 23 janvier 2023.

2. « Nous voyons ensuite les poètes russes marcher souvent dans les voies tracées par les Français, imiter parfois la poésie anglaise ; mais, qu'ils soient frappés par un événement national, tous ces poètes se retrouvent aussitôt russes : graves, tristes et orgueilleux. » Adam Mickiewicz, *Les Slaves*, vol. 1, Paris, Imprimeurs Unis, 1849, p. 26.

Difficile de ne pas y voir un portrait au vitriol de Pouchkine, surtout après la publication de la brochure *Sur la prise de Varsovie* dans laquelle le poète veut faire taire les « *calomniateurs de la Russie* » et qui avait tout pour offenser le barde polonais[1].

Point n'est besoin, on le voit, d'attendre 2022 pour traiter Pouchkine d'impérialiste : beaucoup l'ont fait auparavant. Mais ces critiques ont un retentissement beaucoup plus fort aujourd'hui, dans un contexte général où c'est tout le comportement et le positionnement des auteurs qui est examiné pour juger de leur œuvre. Pouchkine est un cas exemplaire d'une lecture qui se fait moins au miroir du contemporain qu'au prisme d'une moralisation désormais attendue du champ littéraire.

C'est là que la critique littéraire peut, nous semble-t-il, offrir une autre voie. Incapable de sonder les cœurs et

1. Mickiewicz évoque ce que l'on pourrait nommer le « syndrome d'Ermolov », du nom de cet officier qui se rebella contre le pouvoir impérial en 1825 avec ses camarades libéraux appelés les « décembristes », avant de participer activement à la conquête du Caucase *ad majorem Imperii gloriam*. Pouchkine est pris dans le même type d'attitude étrangement réversible : toujours interdit de quitter le territoire russe, car jugé trop volatil, il se retrouve témoin, dans l'un de ses exils, d'une poussée de l'armée russe vers le Sud et il écrit avec émerveillement que chaque fois qu'il pose le pied hors de Russie, la frontière s'est déplacée et qu'il se trouve en fait encore dans l'Empire. Dans une sorte de clivage, ce qui l'oppresse à titre individuel le réjouit dans un contexte de conquête militaire.

les âmes, elle s'intéresse rarement à qui sont les auteurs : dans sa version contemporaine, elle a soldé le mythe romantique de l'artiste génial qui survole son époque, et déplace désormais l'accent vers le *faire* de la littérature, pour comprendre dans quel contexte se déploient les carrières des écrivains, comment ils composent avec les contraintes de leur temps, de quelle manière leurs positionnements poétiques et idéologiques procèdent en général d'un dialogue avec leurs contemporains et les structures et institutions de leur époque. On interprète souvent cette démarche comme une tentative de relativisation : on pense que cela consiste à dire qu'un auteur du XIXe siècle aurait ainsi ses raisons d'être antisémite ou misogyne, puisqu'à l'époque les valeurs étaient différentes. Or, c'est précisément l'inverse qu'autorise la recontextualisation historique et littéraire : elle permet de mieux faire valoir la part de choix et de déterminisme qui président à la production concrète des textes. La perspective historique se conjugue ici très bien avec une approche de type éthique, qui consiste à évaluer les auteurs au regard de leurs positionnements. Vous voulez savoir qui est tel auteur ? Regardez ce qu'il fait, mais aussi dans quel contexte il le fait.

Tentons cette approche avec Pouchkine, et voyons s'il en ressort une relativisation systématique. Premier chef d'accusation : on reproche l'écrivain sa description triomphaliste de la conquête du Caucase, qui est de l'ordre de la falsification historique : on sait bien que les guerres dans cette zone ont duré jusqu'au XXIe siècle et qu'elles ne sont sans doute pas achevées. On songe à la célèbre phrase d'Ernest Renan dans son texte *Qu'est-ce qu'une nation* ? (1882), qui explique que « *l'oubli, et [...] même l'erreur historique* » fonctionnent comme un « *facteur essentiel de la création d'une nation* ». Pouchkine a-t-il mis délibérément sa plume au service de l'Empire ? Ou compose-t-il, littéralement, avec d'autres contraintes ?

Les textes examinés sont des poèmes – et précisément de longs poèmes narratifs typiques du début du XIXe siècle, dont le lecteur attend qu'ils présentent quelque chose de sublime. Or, la littérature russe de cette époque, en particulier la poésie, porte la trace de l'ode qui a dominé au siècle précédent – c'est en particulier vrai de l'œuvre de Pouchkine, féru de ce genre littéraire supposant de faire l'éloge d'un puissant, de célébrer un événement historique, souvent une conquête militaire. Ce modèle exploré de manière obsessionnelle au XVIIIe siècle fait qu'à l'époque de Pouchkine encore, il n'y a qu'un seul sublime disponible et communicable au lecteur : le « *sublime impérial*[1] ». En tant qu'auteur, vous ne pou-

1. Cf. Harsha Ram, *The Imperial Sublime : A Russian Poetics of Empire*, Madison, University of Wisconsin Press, 2003.

vez trouver beau, grand, digne d'admiration que la conquête et la gloire militaire et politique : c'est un héritage de l'ode. De quelle marge de manœuvre dispose Pouchkine au sein de cette tradition littéraire ? De presque aucune : des textes comme *Le Prisonnier du Caucase* peuvent parler d'amours contrariées et sensuelles, de paysages splendides et sauvages, de scènes plus frappantes les unes que les autres, ils s'achèvent en général sur un éloge de la conquête ou un rappel de la grandeur de l'Empire. Est-ce un choix délibéré lié aux positions « impérialistes » de Pouchkine, ou l'écho d'un code encore vivace ? Toujours est-il que Pouchkine fera sans doute plus que n'importe quel autre écrivain de son époque pour briser ce carcan, pour imposer en dehors de toute supériorité du politique des figures qui puissent prétendre elles aussi au sublime, comme celle du démon romantique ou de la jeune fille éperdue – mais pas dans le genre du long poème narratif qu'il pratique dans sa jeunesse et où l'empreinte de l'ode est encore trop présente.

Il ne s'agit pas pour autant d'absoudre Pouchkine en plaidant l'inadvertance : ce retour au contexte permet au contraire de peser ce qui, dans le parcours de l'écrivain, peut réellement prêter le flanc à l'accusation portée, après tant d'autres, par S. Plokhy. Car il permet de déterminer avec plus de précision ce qui est possible à un auteur du canon classique, et donc ce que nous pouvons ou non décider de lui reprocher.

Autre exemple, pensons au « syndrome de Tarass Boulba » dont souffre Gogol, que l'on accuse d'avoir abandonné l'inspiration ukrainienne pour passer du côté du conservatisme russe. En réalité, la situation de Gogol est plus complexe. D'abord, elle n'est pas liée à un simple mouvement des frontières : lorsqu'on débat pour savoir si Gogol est ukrainien ou russe, on passe en général sous silence, comme l'auteur l'a fait lui-même, le fait qu'il porte à l'origine un nom polonais, Ianovski, dont il se débarrasse pour devenir Gogol et surfer plus aisément sur la mode des récits ukrainiens, sans passer pour un « calomniateur de la Russie » – Gogol publie ses premiers textes juste après l'écrasement du soulèvement polonais. Or, selon la célèbre analyse de Simon Karlinsky[1], le nom de Gogol est usurpé dans sa famille : son grand-père, qui s'appelait à l'origine Ianovski, est contraint de falsifier des archives pour l'accoler à son patronyme à la suite d'une réforme de Catherine II qui n'autorise que les artistocrates ukrainiens à posséder la terre. Les Polonais Ianovski déterrent un obscur

1. Simon Karlinsky, *The Sexual Labyrinth of Nikolai Gogol*, Chicago, University of Chicago Press, 1975.

ancêtre ukrainien, Ostap Gogol, très probablement inventé. « Gogol » connaît cette histoire et son identité ukrainienne savamment cultivée dans la première partie de sa carrière vise aussi à effacer cette tache de naissance. Mais il craint toujours d'être démasqué, comme les héros escrocs et usurpateurs qui pullulent dans ses œuvres et sont contraints de se déplacer en permanence pour maintenir active leur mystification. Ainsi, Gogol change dès qu'il le peut de « territoire » littéraire, passant de l'Ukraine à Saint-Pétersbourg puis à la campagne russe des *Âmes mortes* : l'œuvre de Gogol cherche, par culpabilité peut-être, à échapper aux frontières et aux assignations et elle joue constamment du décalage entre nations et empire, pour que personne ne puisse littéralement l'assigner à résidence. Déplace-toi et tu seras sauvé, semblent dire ses textes : son évolution n'est pas seulement une trajectoire opportuniste pour se rapprocher du pouvoir russe[1], mais une sorte de pyramide de Ponzi de l'identité.

1. Sans compter que ce centre du pouvoir est lui-même fuyant : ainsi que l'ont montré plusieurs grandes études, la Russie naît Empire tout en se déportant paradoxalement dans ses propres marges, sur un territoire nouvellement conquis, le golfe de Finlande, où Saint-Pétersbourg est fondé en 1703 (Katya Hokanson, *Writing at Russia's Border*, Toronto, University of Toronto Press, 2008 ; Alexander Etkind, *Internal Colonization. Russia's Imperial Experience*, Cambridge, Polity Press, 2011).

On peut complètement réinterpréter à cette aune la phrase célèbre d'un auteur qui dit n'avoir jamais voulu choisir entre les deux camps : « *Je ne sais quelle âme j'ai, ukrainienne ou russe. Je sais seulement que je n'accorderai jamais la prééminence à un Ukrainien par rapport à un Russe, ou à un Russe par rapport à un Ukrainien*[1]. » Entre russe et ukrainien, Gogol ne peut doublement pas choisir. D'abord parce qu'il est en fait né Gogol-Ianovski, doté de ce patronyme polonais qu'on escamote au plus vite au profit d'un nom qui pourrait être d'emprunt, d'autre part parce qu'il suit le script dicté par ce roman familial : comme l'ancêtre qui se fait passer pour ukrainien pour être accepté dans l'Empire de Catherine II, il doit passer par la case ukrainienne pour être intégré. Cela suppose aussi de passer de l'*être* (« quelle âme j'ai ») au *faire* (« je n'accorderai jamais »), notamment en produisant en permanence son identité sur le mode de la performance : il s'agit moins de déterminer qui on est que de créer et de cultiver son être.

Si vous avez déjà vu des portraits de Gogol, vous aurez peut-être été frappé par le fait qu'ils se ressemblent tous : le même nez pointu qu'accentue la pose, la mine systématiquement vers le bas, la même mèche de cheveux bruns et lisses qui vient

1. Lettre de Nikolaï Gogol à Alexandra Smirnova, 12 décembre 1844.

barrer le front. L'ensemble constitue la carte de visite de Gogol, que les contemporains décrivent comme immédiatement reconnaissable – et légèrement ridicule. En réalité, le jeune Gogol qui arrive à Saint-Pétersbourg au début de la décennie 1830 est plutôt bel homme – en tout cas, il ressemble à un romantique typique, avec son air altier et ses cheveux bouclés au vent[1]. Pourquoi alors revêtir ce costume de l'auteur à nez pointu et à mèche encombrante ? C'est qu'en russe, « gogol' » désigne une espèce de canard au long bec qu'on appelle en français le « garrot » ; prononcé à l'ukrainienne, son patronyme peut renvoyer au « khokhol », l'énorme mèche que portent les cosaques ukrainiens au milieu de leur crâne rasé et qui sert aussi à désigner l'ethnie de manière dépréciative. Porter en bandoulière cette mèche et ce nez, c'est symboliquement prononcer son nom dans les deux langues à la fois et performer une identité hybride[2] qui pose un nouveau masque sur l'embrouillamini d'une origine troublée.

Mais si Gogol a aussi voulu *cultiver* une identité ukrainienne, pourquoi considère-t-on que son œuvre se déploie en réalité en deux temps, une période

1. Voir par exemple le portrait réalisé par Alexeï Venetsianov en 1834.
2. Cf. Yuliya Ilchuk, *Nikolai Gogol : Performing Hybrid Identity*, Toronto, University of Toronto Press, 2021.

ukrainienne suivie d'une apologie de la puissance impériale russe ? En réalité, toute une partie de ses écrits avait pour ambition de composer – entre autres – une histoire de l'Ukraine à l'époque où elle pouvait prétendre au statut d'État indépendant, c'est-à-dire à celle de l'hetmanat cosaque des XVIIe et XVIIIe siècles. Gogol effectue des recherches, prend de nombreuses notes, lance des ballons d'essai (par exemple en 1834 *Regard sur la création de la Petite-Russie*, dont le titre n'est guère équivoque). Il rédige même une pièce, *La Moustache rasée*, qu'il considère comme son chef-d'œuvre – mais qu'il détruit en 1841, après qu'une lecture auprès d'amis russes s'est révélée décevante[1]. La même année, le poète Tarass Chevtchenko publie *Le Kobzar* et *Les Haïdamaks* sur une thématique fort similaire, mais… en ukrainien, là où Gogol écrit dans un russe mâtiné d'ukrainismes, dans sa volonté de parler aux deux peuples : Chevtchenko « ringardise » la posture hybride et neutre de son émule, imposant l'idée que lorsqu'on est un patriote, on ne cherche pas le juste milieu, et on écrit dans la langue de son peuple opprimé (alors même que Chevtchenko rédige son journal intime en russe), même si pour cela on doit affronter la prison et les foudres politiques. Mais

1. Cf. Iryna Dmytrychyn, « Voyage dans l'Ukraine de Gogol », *Revue de littérature comparée*, 2009, vol. 3, n° 331, p. 283-294.

cette position qui lui offre le statut de barde national le prive de celui d'écrivain allant à la rencontre d'un public divers, qui est celui que recherche Gogol : l'œuvre de Chevtchenko est bien entendu interdite et le poète emprisonné. Vissarion Biélinski, étoile de la critique russe de l'époque, déclare qu'il ne lirait pas son célèbre poème « Le Songe » même s'il était disponible : c'est dire le bannissement dont l'œuvre de Chevtchenko est victime. Rétrospectivement, l'histoire littéraire retient un barde chantre de la nation ukrainienne – Chevtchenko – et un auteur qui a trahi – Gogol – mais on voit que Gogol cherche à négocier entre différentes contraintes pour poursuivre ses ambitions.

Plus qu'une posture politique de Gogol *per se*, c'est le champ littéraire de l'époque, au sein duquel l'écrivain ne peut faire aboutir ses recherches et publier ses textes, qui explique qu'il ne reste que le volet russe du projet gogolien – un autre responsable étant la propension de Gogol à brûler tous les textes qui font l'objet de la moindre critique et qui nous prive aujourd'hui de la possibilité de reconstituer pleinement son ambition littéraire et historique. Alors, Gogol est-il un « impérialiste anti-ukrainien » ? N'est-ce pas plutôt qu'il écrit à une époque qui sélectionne *de facto* un type de textes dans l'éventail des productions de l'auteur et construit rétrospectivement de ce dernier une image univoque ?

À l'inverse, on l'a dit, rien ne contraint Pouchkine, en termes désastreux avec le pouvoir, à écrire « Aux calomniateurs de la Russie », ce texte qui fait de l'écrasement du soulèvement polonais une simple querelle de famille – et encore moins de le publier dans une toute une petite brochure poétique à la gloire de ce fait de violence. Rien ne le contraint non plus, sinon l'hostilité ambiante de la littérature russe à l'égard des figures historiques ukrainiennes[1], à donner à l'*hetman* Mazeppa, héros romantique de toute l'Europe, encensé de Byron à Chateaubriand, les traits noirs qu'il lui prête dans son poème *Poltava*. Qu'il y ait de l'impérialisme dans cette affaire, difficile d'en douter. Mais est-il si facile de déterminer ce qu'*est* Pouchkine, entre génie et auteur infréquentable ? Il est bon de se rappeler le propos perspectiviste de Mickiewicz qui faisait le portrait de Pouchkine en Janus ou en Double-Face, promoteur d'une culture ouverte à l'européenne quand il parle à ses compatriotes russes, mais vindicatif et

1. Ce fait est souvent minimisé par la critique : Lætitia Decourt, « Représentations de l'Ukraine et des ukrainiens dans la littérature de langue russe au XIXe siècle », *Revue des études slaves*, XCIII-4 | 2022, p. 565-579. Voir à l'inverse l'ouvrage déjà cité de Yuliya Ilchuk sur Gogol ou le livre pionnier de Myroslav Shkandrij, *Russia and Ukraine : Literature and the Discourse of Empire*, Montréal, McGill University Press, 2001.

va-t'en-guerre quand il défend son pays à l'étranger. Pas si simple de trancher quand tout change en fonction du contexte et de l'interlocuteur.

Jusqu'à une période récente, on l'a dit, la pluralité des visages de Pouchkine était fondamentale dans la perception de cette figure au sein de la culture russe. Elle permettait d'en faire tantôt l'étendard du pouvoir, tantôt l'idéal d'un art engagé à défendre les libertés individuelles. Faut-il se battre pour sauver le soldat Pouchkine ? Oui, si c'est pour qu'il retrouve cette polyvalence plutôt que d'être aspiré de manière univoque par le premier de ces pôles. Non, sans doute, si c'est pour retomber dans la mythologie romantique de l'écrivain qui suppose qu'être un génie et parfois faire le mal soient des choses incompatibles.

III

« Les manuscrits ne brûlent pas » (Mikhaïl Boulgakov) Mythologies du génie culturel russe

Si la culture russe fait l'objet de débats ardents, il y a un point sur lequel les partis qui s'affrontent sont parfaitement d'accord : l'art en Russie est plus que de l'art. Il représente le summum de l'accomplissement esthétique tout en débordant en permanence sur la sphère existentielle, il joue des rôles tout à la fois éthiques, sociaux et politiques, qu'on n'associe pas d'habitude à l'« art pur », si cette formule a un sens.

Si l'on résume outrageusement les positions, en Russie tout le monde semble croire au pouvoir du mot, selon la belle formule de l'écrivaine Tatiana Tolstaïa[1] – que cela signifie trouver un refuge et une

1. « La vie n'est rien – un brouillard, un mirage, *fata morgana*. Mais le mot [...] représente un pouvoir plus grand que celui de l'atome. C'est un point de vue entièrement russe, qui ne connaît aucun équivalent à l'Ouest. Et il semble que tout le monde le partage en Russie : les tsars

consolation dans la littérature quand la vie quotidienne ou collective se fait plus dure, ou considérer la culture comme un étai national, comme la démonstration que le pays est aussi « la grande Russie »[1]. En Ukraine, en raison de la longue histoire coloniale qui s'est accompagnée d'une politique d'interdiction de la langue locale au profit du russe, on regarde la culture russe comme un véhicule de la puissance du voisin et d'écrasement de la culture nationale : on suppose qu'elle est aussi efficace et dangereuse qu'une arme et qu'elle conforte l'exceptionnalisme dont se targue le pays. Au contraire, en Occident, on accorde souvent un préjugé favorable à l'art russe, censé être plus profond que d'autres, naturellement connecté aux grandes questions de l'âme humaine, susceptible d'y apporter des réponses et parfois de

---

et leurs esclaves, les censeurs et les dissidents, les écrivains et les critiques, les libéraux et les conservateurs. Celui qui a prononcé un Mot a accompli un Acte », Tatiana Tolstoïa, « Les Enfants de Pouchkine », notre traduction.

1. Le critique Boris Gasparov évoque ainsi la pluralité des fonctions assignées à une littérature censée « contenir la solution aux problèmes moraux, [...] la réponse à des questions philosophiques fondamentales, [...] un programme politique de transformation du monde [et] un guide de vie comprenant tout, un codex de comportements individuels possibles » (Boris Gasparov, « Introduction », *The Semiotics of Russian Cultural History*, dir. Alexander Nakhimovsky et Alice Stone Nakhimovsky, Ithaca, Cornell University Press, 1985, p. 13).

constituer un guide moral[1]. L'objectif de ce chapitre est de souligner que ce pouvoir extraordinaire qu'on lui prête a aussi ses revers, et vient alimenter l'accusation d'impérialisme dont l'art russe est aujourd'hui la cible.

Car dans tous les cas, ce regard porté sur l'art russe fait de lui une figure d'exception aux règles qui régissent la plupart des autres arts nationaux, ce qu'exemplifie la phrase de l'écrivain soviétique Mikhaïl Boulgakov : « *les manuscrits ne brûlent pas.* » Elle est tirée du *Maître et Marguerite*, roman auquel l'auteur consacra les quinze dernières années de sa vie. Il évoque le destin contrarié d'un artiste persécuté, mais parvenant néanmoins à écrire sa grande œuvre, une fresque historique qui dépeint sous un jour radicalement nouveau la rencontre entre Jésus-Christ et Ponce Pilate : ce que l'histoire n'a pas retenu, l'artiste, lui, le sait. Ces manuscrits visionnaires, celui du maître comme celui de Boulgakov, sont impossibles à publier en URSS. Pourtant, ils survivent à tous les périls de la période stalinienne. Dans le roman, c'est le diable qui s'en

1. Un exemple parmi d'autres : celui de Virginia Woolf qui évoque le « point de vue russe » qui permet de répondre à la question « comment vivre ? » (Virginia Woolf, "The Russian Point of View", *The Common Reader*, Londres, Hogarth Press, 1951). En 1914, 34 écrivains et intellectuels britanniques avaient publié une tribune dans le *Times* pour remercier la littérature russe d'exister.

mêle, assurant le triomphe de l'œuvre inspirée sur la médiocrité des productions littéraires soviétiques. Dans la réalité, l'intercession salvatrice a été celle d'Elena Boulgakova, dernière épouse de l'auteur, qui a sauvé, parachevé, et caché le texte pendant presque trente ans. Il est finalement publié en 1966 sous une forme censurée, avant de paraître l'année suivante en Allemagne en intégralité, complété par les parties interdites qui circulaient sous le manteau dans l'intelligentsia soviétique. Le moindre coup d'œil à l'histoire de l'art russe convaincra le lecteur que les textes perdus de la littérature russe et surtout de la littérature soviétique sont bien plus nombreux que ceux qui ne brûlent pas[1], mais la célébrité de la phrase de Boulgakov souligne qu'il y a là une croyance commune : l'écrivain russe serait susceptible de s'affranchir des lois naturelles et ordinaires, produisant des textes dont la portée visionnaire garantirait le destin exceptionnel.

1. Cf. Nicolas Aude, « Les textes fantômes de la littérature russe : pour une histoire littéraire du manque », *Revue des études slaves,* XCIII-2-3| 2022, p. 289-300. D'autres ouvrages soviétiques célèbres ont survécu à tout : *Vie et destin* de Vassili Grossman, dont le manuscrit – et non l'auteur – est arrêté en 1962 par le KGB, comme s'il s'agissait d'une personne ; *L'Évangile du bourreau* des frères Vaïner, que ses auteurs gardent cachés dix ans en attendant la Perestroïka ; ou encore toute l'œuvre de Sigismund Krzyzanowski, qui ne publia jamais de son vivant les trois mille pages de sa production inspirée et dérangeante, et préféra les enterrer dans son jardin en attendant des jours meilleurs.

Comment cette haute conception de l'objet artistique[1] s'est-elle construite ? Tout bien considéré, rien ne prédestinait la littérature russe à embrasser une si haute vocation. On lui attribue une naissance tardive, au début du XIXe siècle – il y a bien eu des écrivains importants avant, mais il était rare, alors, que les lettres correspondent à notre définition contemporaine de l'art comme vocation et non comme profession. On dit par raccourci que le métier d'auteur est né avec Pouchkine, qui plaidait pour une autonomie farouche de l'art par rapport au pouvoir et à la « plèbe[2] » tout en se battant pour toucher des droits d'auteur et conserver la propriété sur ses œuvres, dans un temps où pullulaient les éditions pirates et les republications non sollicitées[3]. S'il existe une littérature avant lui, la liberté crânement revendiquée par Pouchkine et faisant de l'art un domaine à part et extrêmement

---

1. Car il s'agit de l'objet artistique et non des écrivains eux-mêmes : dans ses mémoires, Nadejda Mandelstam, femme du célèbre poète Ossip Mandelstam, mort en 1938 dans un camp de transit, rappelle sa confiance dans le fait que la poésie ne peut « être enterrée vivante », même par le pouvoir le plus autoritaire. Elle cite une confidence d'Anna Akhmatova, qui a elle-même été l'épouse de Nikolaï Goumiliov, poète fusillé en 1921 : « Mon âme est tranquille. Nous avons vu à quel point la poésie est durable. »
2. Voir le poème « Le Poète et la foule » de 1828.
3. Voir l'étude canonique d'André Meynieux, *Pouchkine, homme de lettres et la littérature professionnelle en Russie*, Paris, Librairie des Cinq continents, 1966.

puissant constitue symboliquement l'acte de naissance, en Russie, de la littérature moderne. Elle ouvre *de facto* la voie à la fois au grand roman russe, qui se propose de rédimer l'existence en posant les grands problèmes qui agitent l'époque sous la forme privilégiée de la fiction, et aux expérimentations poétiques ou théâtrales à venir, qui font de la littérature un terrain de jeu pour la créativité, mais aussi un espace d'intervention sociale. Du côté de la peinture, on peut observer la même trajectoire inattendue : il y a loin des sages et délicats portraits à l'européenne de jeunes filles de la noblesse russe que Dimitri Levitski réalisa à la fin du XVIIIe siècle à la demande de Catherine II aux gestes radicaux d'avant-garde d'un Kandinski ou d'un Malévitch au début du XXe siècle. Comment l'art russe devient-il ce qu'il est – ou ce que dont on le crédite –, cette puissance de représentation agissant sur le monde ?

Cette réputation, c'est en particulier la littérature qui l'acquiert – pas simplement parce qu'elle produit de grandes œuvres, mais sur services rendus. En effet, comme l'a montré Boris Doubine, la Russie est la « nation littéraire » par excellence, non pas seulement parce que les Russes chérissent leurs productions artistiques, mais aussi parce que la littérature a été un lieu de constitution de la communauté, qui n'est structurellement pas une nation, mais un empire aux frontières géographiques et culturelles mouvantes[1]. En Russie, la littérature précède l'histoire, elle fonde l'existence du pays. En recensant *Anna Karénine* qui paraît en feuilleton, Dostoïevski s'exclame que la Russie voit son existence justifiée pour avoir suscité cette merveille[2]. Notez bien l'inversion du rapport : *Anna Karénine* n'existe pas parce que la Russie existe – la Russie a le droit d'exister parce que Tolstoï a écrit son roman. Quand Dostoïevski écrit que « *la beauté sauvera le monde* », il ne fait que reprendre la grande croyance qui veut qu'en Russie l'art soit à lui seul capable de guérir ou de sauver – une ambiance que les spécialistes qualifieront de sotériologique.

L'art, et non les artistes, car tous agiraient ensemble pour réaliser ce but – témoin le fait qu'en Russie plus qu'ailleurs, l'histoire de la littérature a retenu une période, le XIXe siècle, comme le « siècle d'or » ou « l'âge des classiques » dans la mesure où elle pouvait donner l'impression que tous les auteurs (du moins,

1. Б. В. Дубин, « Словесность и классическая и массовая : литература как идеология и литература как цивилизация", Слово – письмо – литература : очерки по социологиии современой культуры, Москва, НЛО, 2001, p. 310 ; voir Nicolas Aude, « Introduction », *Nation littéraire et comparatisme : le cas russe*, sous la direction de Nicolas Aude et Manon Amandio, *Silène*, 2020, en ligne.
2. Ф. М. Достоевский, « "Анна Каренина" как факт особого значения » // Достоевский Ф.М. *Дневник писателя*, СПб, 1877 (июль-август). – Гл. 2., III.

ceux retenus dans le canon) travaillaient conjointement à donner chair à ce corps national fuyant, à rédimer l'âme de cette communauté doutant constamment de son identité. Ainsi du parallèle, devenu fréquent à partir de 1900, entre Tolstoï et Dostoïevski, et qui dans la critique russe vise à prouver que les deux auteurs ne s'opposent pas, mais forment deux puissants courants convergents vers un point unique, en dépit de leurs tempéraments et de leurs poétiques si différentes[1]. Le critique littéraire Rolf Hellebust évoque ainsi le « mystère trinitaire » qui se constitue à partir du XIXe siècle autour de cette littérature, dont on affirme « *l'exceptionnelle unité, l'exceptionnelle valeur littéraire et l'exceptionnelle fonction sociale*[2] ».

Cette union sacrée se noue au début du XIXe siècle, dans le sillage du romantisme. Courant européen qui a érigé l'artiste en mage ou en prophète, il s'est répandu en Russie dans un contexte particulier, qui a fait que, plus qu'ailleurs sans doute, l'artiste est chargé, alors même qu'il est censé appartenir à un autre monde, celui de la création, d'accomplir une mission dans le monde réel, d'en réparer le caractère décevant.

1. Victoire Feuillebois, « Tolstoj et/ou Dostoevskij : généalogie d'une comparaison », *Revue des études slaves*, XCIII-2-3 | 2022, p. 353-368.
2. Rolf Hellebust, *How Russian Literature Became Great*, Ithaca, Cornell University Press, 2024, p. 3.

En effet, on parle pour la culture russe de cette époque d'un « Âge d'or » : en réalité, la formule correspond mal à une époque de grandes espérances qui se révèlent rapidement être des illusions perdues. En 1801, un jeune tsar monte sur le trône : Alexandre Ier a eu pour précepteur le frère d'un révolutionnaire français, il passe pour l'héritier spirituel de sa grand-mère Catherine II (dans son versant européen et ouvert aux Lumières, car Catherine la Grande a aussi été fort tyrannique à ses heures) et, campé sur son beau cheval gris pommelé, il est à la tête des troupes russes lorsque celles-ci défont l'envahisseur Napoléon en 1812. Cela pourrait être un tournant capital du régime, l'occasion pour Alexandre Ier de réaliser l'unité d'un pays qui s'est soulevé contre les Français, y compris les paysans encore sous la coupe du servage : les Russes ont beaucoup donné dans le conflit, pratiquant la politique de la terre brûlée pour affamer les grognards, ou laissant flamber Moscou pour dérouter l'envahisseur. Les élites libérales rêvent aussi d'une après-guerre où la Russie serait enfin une démocratie parlementaire, à la manière de l'Angleterre ou de la Pologne.

Las, si la Russie intègre le concert des nations et le congrès des vainqueurs en 1815, Alexandre en profite pour s'arroger la couronne de Pologne et révèle un visage très autocratique. Le tsar confie le pouvoir à son conseiller Araktcheïev, connu pour sa grande cruauté, et sombre peu à peu dans le mysticisme, au point qu'à sa mort en 1825 a lieu l'insurrection décembriste, sévèrement réprimée, notamment du côté des écrivains qui y ont pris part : l'un des meilleurs amis de Pouchkine, Wilhelm Küchelbecker, est envoyé en Sibérie où il mourra vingt ans plus tard, tandis que deux poètes font partie des meneurs exécutés. Et après l'insurrection, c'est un tsar d'une rigidité extrême qui succède à Alexandre : Nicolas Ier, qui ordonnera la fameuse fausse exécution de Dostoïevski en 1849 et dont Tolstoï fera le portrait en dirigeant sadique et raciste dans *Hadji Mourat.*

On a connu âges d'or plus étincelants : celui-là est particulièrement féroce pour la jeune garde artistique, les « enfants de 1812 », qui rêvent à la fois de retour aux traditions nationales, signe que la Russie est une nation hors du commun, comme elle l'a montré face à Napoléon, et de libertés individuelles. Mais précisément, si âge d'or il y a, c'est que dans ce contexte de torpeur ou de tourment politiques, l'art va prendre en charge ce à quoi le pouvoir renonce. Alexandre Ier manque de récompenser l'engagement des paysans en abolissant après 1812 le servage, dont on perçoit de plus en plus les maux, ou en assouplissant l'administration, en adoucissant les misères urbaines ? Qu'à cela ne tienne, les romantiques exploreront le folklore paysan ou le thème du

« petit homme » qui met sur le devant de la scène le misérable peuple des villes que Dostoïevski appellera bientôt les humiliés et les offensés. Ils quitteront littérairement le grand monde pour aller dans des régions jusqu'alors considérées comme sauvages et construiront un imaginaire où, quasiment pour la première fois, l'histoire et la géographie de l'Empire apparaissent comme des objets pittoresques, signalant l'existence d'une culture riche, mais mal mise en valeur par un pouvoir sclérosé.

En résumé, l'art veut *faire*, ou contribuer à faire, et pas seulement faire joli : il exerce au début du XIXe siècle une fonction compensatoire par rapport aux espoirs déçus d'une partie de la société. La difficulté est que, par conséquent, l'art russe se retrouve littéralement à l'avant-garde du politique, chargé d'indiquer la voie à suivre. Or, là où les objets culturels portaient une part de revendication, adressée ou non à la sphère politique, là où les écrivains vivaient parfois « *une révolte politique par procuration littéraire*[1] », ils peuvent passer pour un laboratoire d'idées lorsque le pouvoir les récupère. C'est le destin du concept de *narodnost'* qui a ainsi migré du littéraire au politique.

1. Diana Filippova, *De l'inconvénient d'être russe*, Paris, Grasset, 2023, p. 118.

Le terme est réputé intraduisible : on le rend parfois par « caractère national » – littéralement il signifie « peupléité ». Il renvoie à une des grandes interrogations du romantisme, qui rompt avec l'idéal classique universaliste pour mettre au jour l'esprit d'*un* peuple : la *narodnost'* désigne ce qui fait qu'on sent qu'une chose est distinctement russe, renvoie à la culture russe et pas à une autre – elle isole ce qui « fait peuple », parce que cela vient des couches populaires ou consolide le sentiment d'une communauté. Produire des objets culturels empreints de *narodnost'*, parce qu'ils reflètent des pratiques identifiées comme spécifiques à la culture nationale ou donnent un sentiment d'appartenance, c'est justement l'objectif que se fixe l'art russe de la première moitié du XIXe siècle.

Le terme est imposé en 1823 par le critique et écrivain Orest Somov, dans son essai *Qu'est-ce que le romantisme ?* Lui-même d'origine ukrainienne, Somov a contribué à lancer la mode des récits sur sa région natale, veine qui permettra au jeune Gogol de se lancer dans une brillante carrière littéraire. Dans son essai, le critique affirme que la grande diversité des peuples, langages et espaces de l'Empire russe doit être la base sur laquelle les auteurs pourront créer des œuvres distinctement nationales. Sur le plan littéraire, le raisonnement est imparable : l'esprit d'une nation se loge dans les particularismes de son histoire et de son territoire, qu'il faut donc cartographier. Mais sur le plan historique et politique, sa théorie repose sur un paralogisme, qui consiste à dire que la diversité ethnique et culturelle de l'Empire contribue à faire valoir l'esprit russe – entendre « grand-russien ». Ainsi, Somov place dans la catégorie des œuvres « nationales[1] » les poèmes narratifs sur le Caucase, très populaires à l'époque, bien qu'il s'agisse d'un territoire dont la conquête coloniale est loin d'être achevée. Dans son désir de « faire peuple », Somov anticipe donc la victoire de l'armée russe, de même qu'il passe sous silence les luttes pour l'indépendance de certains des territoires qu'il présente comme de simples réceptacles de « russité » ou comme des instruments permettant de la construire. Son texte dit à la fois l'immense mission confiée à la littérature, témoin de son statut supérieur acquis au début du XIXe siècle, et le fait que, toute à son désir de « changer la vie », elle entre fatalement en interaction, et parfois en collision, avec d'autres sphères de discours, dont celle du discours politique.

Chez Somov, le ver est dans le fruit : on a tout bonnement l'impression que, en acquérant une dignité inédite, la littérature « *pousse le pouvoir* », pour

1. Voir l'article de référence de Katya Hokanson, « Literary Imperialism, Narodnost', and Pushkin's Invention of the Caucasus », *The Russian Review*, vol. 53, July 1994, p. 336-352.

reprendre une nouvelle fois une expression d'Adam Mickiewicz[1]. Avec sa sagacité habituelle, il met le doigt sur un paradoxe : la littérature romantique prétend se dégager de l'héritage du XVIIIe siècle, où les arts étaient largement soumis au pouvoir, où l'on attendait principalement des écrivains des odes pour commémorer les puissants ou des comédies pour les divertir[2] ? Chimère, dit Mickiewicz : elle ne fait que réitérer sous d'autres formes son ancillarité, passant simplement de bouffon ou peintre de cour à éminence grise du prince. De fait, la *narodnost'* va ressurgir dix ans plus tard et intégrer le vocabulaire politique conservateur.

En effet, en 1833, le puissant ministre de Nicolas Ier Sergueï Ouvarov emprunte le terme à Somov pour faire de la *narodnost'* le troisième terme de sa triade réactionnaire. Quel sera le pendant russe de la devise française « Liberté, égalité, fraternité » ? Connu pour vouloir interdire aux non-nobles de faire des études à l'université et pour sa volonté d'arrimer à la Russie les peuples d'Orient, Ouvarov propose la formule suivante : « Orthodoxie, autocratie, caractère national (*narodnost'*) ». Le terme inventé par Somov

1. Adam Mickiewicz, *Les Slaves*, vol. 1, Paris, Imprimeurs Unis, 1849, p. 26.
2. Voir Marcus C Levitt et Andrei Zorin, *By Fables Alone : Literature and State Ideology in Late Eighteenth and Early Nineteenth-Century Russia*, Boston, Academic Studies Press, 2014.

migre donc dans le champ du politique, où il désigne la valorisation de tout ce qui est russe et stimule le développement d'une conquête coloniale violente. De Somov à Ouvarov, la littérature a de fait temporellement anticipé une préoccupation politique, mais lui a aussi livré les mots pour se dire.

Encore une fois, il ne s'agit pas pour nous de dire que la littérature russe est naturellement impérialiste, mais d'essayer de répondre à l'interrogation contemporaine sur l'engagement politique de la culture en envisageant la question sous l'angle du *faire* et non de l'*être*. En remontant à ce changement de régime littéraire du début du XIXe siècle, on voit que l'art russe revendique un champ d'action inédit. Ce nouvel ordre du jour reconfigure les contraintes qui s'exercent sur les auteurs dans le domaine artistique : on attend d'eux désormais qu'ils endossent le rôle de prophètes, de mages, de ceux qui sauront par leur regard visionnaire désigner le chemin ou par leur voix inspirée porter les aspirations, réelles ou supposées, de la communauté nationale. Or, réaliser ce programme suppose parfois que les objets littéraires croisent, ou sont rattrapés par, la sphère de l'action politique – et là où les romantiques ont la conviction que le poète-prophète évolue dans un monde supérieur et qu'il est donc préservé de toute contamination, une telle conception s'est estompée aujourd'hui, où nous tendons à interpréter comme un engagement assumé les tentatives des artistes d'avoir une action concrète sur le monde.

Dans ce contexte, on peut réinterpréter l'évolution problématique de certains auteurs. Ainsi, on voit souvent le parcours de Gogol comme une nette dérive conservatrice. Après avoir défendu le « petit homme » opprimé par l'administration étouffante de Saint-Pétersbourg, il serait devenu une sorte de thuriféraire du régime et de l'orthodoxie la plus rigoriste. À la publication de *Correspondance choisie avec mes amis*, en 1847, Gogol reçoit une soufflante de la part du critique progressiste Vissarion Biélinski : comment ose-t-il se ranger du côté des institutions ? Gogol n'a pas vraiment répondu : il aurait pourtant pu rétorquer qu'il ne faisait guère autre chose que ce pour quoi il était devenu un écrivain romantique, à savoir faire profiter ses contemporains dans les hautes sphères du pouvoir, fatalement moins prophètes que lui-même, de ses accès visionnaires[1].

Cette célébrissime dispute littéraire a eu un effet important sur l'histoire de la littérature russe : Biélinski a senti qu'il fallait en finir avec ce romantisme qui tantôt prenait des airs détachés, tantôt fricotait avec

1. Voir l'interprétation classique d'Edyta M. Bojanowska, *Nikolai Gogol between Ukrainian and Russian Nationalism*, Harvard, Harvard University Press, 2007, p. 369.

les puissants, toujours au nom de cet art à la fois solitaire et solidaire. Sa lettre marque les débuts du courant réaliste, qui ne sera jamais dénué de coloration messianique, mais qui part de la description directe et exhaustive de la réalité – et aussi du contrôle effectué par une caste de critiques, dont Biélinski est le premier, qui contribuera à réguler les trajectoires littéraires : c'est le début de l'*intelligentsia*, ces gens qui ne sont pas des artistes, mais qui ont le droit de s'exprimer sur l'art, en particulier dans son rapport avec la société. À l'horizon, on voit presque poindre le spectre du réalisme socialiste dans la revendication du critique en 1847 : il faut s'appuyer sur l'art pour transformer le monde, mais les artistes sont trop artistes pour pouvoir réaliser leur mission sans être dûment encadrés et dirigés.

Car en réalité, en 1847, Gogol et Biélinski restent d'accord sur un point fondamental : la littérature *peut*. Chez l'un comme l'autre, la structure qui confère à l'art une puissance étendue reste la même, bien que son contenu diffère – pour Biélinski cela implique la responsabilité morale d'écrire un art orienté socialement, pour Gogol cela autorise à parler avec le pouvoir. Mais la littérature reste l'instrument principal du changement, et peut-être du salut, pour le monde. Et dès que l'artiste déroge à sa haute mission, il n'est plus rien : témoin la mort tragique de Gogol, qui s'affame et meurt en 1852 faute de pouvoir écrire la seconde partie des *Âmes mortes*, celle qui est censée faire basculer le texte de l'univers comique à la révélation messianique[1]. On raconte que lorsqu'on a transféré en 1931 son corps au carré des écrivains d'un grand cimetière de Moscou, on a découvert que l'auteur avait tenté de sortir de son cercueil *post mortem* : peut-être pour achever son dernier roman ? Si les manuscrits ne brûlent pas, peut-être que les artistes ne meurent pas non plus tant qu'ils n'ont pas réalisé leur mission ?

Quoi qu'il en soit, le cas russe a pour nette spécificité qu'il existe une porosité entre discours littéraires et sphère pratique, les premiers exerçant une fonction consolatrice ou compensatoire sur la seconde. Le fort investissement autour de la figure de Pouchkine tient également à cette dimension : dans ce mécanisme de

1. Cette impossibilité d'accoucher de la partie messianique des textes est constitutive de la littérature russe du XIXe siècle : Dostoïevski l'incarne également en promettant toujours que le salut des personnages sera réalisé dans une suite, en réalité jamais écrite. C'est ainsi qu'il laisse Raskolnikov à son arrivée au bagne, au bord de la rédemption, ou Aliocha Karamazov projeté dans le monde sans qu'on sache exactement ce qu'il va devenir. Le critique Mikhaïl Bakhtine considère que ces fins ouvertes contribuent au dialogisme de l'œuvre, au fait qu'elle n'impose pas de message idéologique – mais on ne peut exclure que Dostoïevski soit polyphonique par accident, faute lui aussi de pouvoir « parachever » ses textes. La littérature soviétique simplifie le programme en donnant une version plus concrète de cet idéal eschatologique de la littérature – la Révolution au présent, ou le communisme réalisé au futur.

sacralisation de la littérature, l'écrivain se retrouve doté d'une tâche conjuratoire qui dépasse de loin sa contribution littéraire.

Ce basculement de l'objet artistique vers une sphère extra-littéraire, c'est à Dostoïevski que Pouchkine le doit. On a déjà signalé le célèbre « Discours sur Pouchkine » prononcé en 1880, juste avant sa mort, lors de l'inauguration de la célèbre statue du poète à Moscou. On s'en souvient, le romancier russe réagit dans son oraison au discours prononcé par Ivan Tourguéniev la veille. Tourguéniev appartient à la catégorie des « Russes européens[1] », il a vécu longtemps à Paris et surtout il fait partie des contempteurs de la culture russe, ce que Dostoïevski ne lui pardonne pas : par exemple, il a affirmé la nullité des apports de la Russie au monde en visitant l'Exposition universelle de 1867. Dans son propre discours sur Pouchkine, Tourguéniev fait une lecture corrosive de celui qu'on veut voir comme le père des lettres russes, mais à qui il dénie toute universalité – contrairement à l'Italie de Dante ou l'Angleterre de Shakespeare, la Russie attendrait encore son poète national, quelqu'un qui parlerait à tous les Russes.

1. Cf. Владимир Кантор, *Русский европеец как явление культуры : философско-исторический анализ*, М., Росспэн, 2001 ; Andreas Schönle, Andrei Zorin, *On the Periphery of Europe, 1762–1825. The Self-Invention of the Russian Elite*, DeKalb, Northern Illinois University Press, 2018.

Encore une fois, la culture russe est déclarée inférieure, mineure. Dostoïevski ne peut le supporter et va faire de Pouchkine son champion.

La tâche est à la fois facile et ardue : d'un côté, Pouchkine, de son vivant, s'était engagé dans une polémique similaire sur la dignité de la culture russe avec le penseur Piotr Tchaadaïev qui la pourfendait – on se rappelle le commentaire bien senti de Mickiewicz qui déclarait que le poète russe prenait la mouche dès qu'il était question de l'image de son pays à l'étranger. Mais d'un autre côté, malgré tout son patriotisme querelleur, Pouchkine se qualifie difficilement pour le statut d'écrivain national en raison du caractère cosmopolite de son œuvre : il a commencé sa carrière avec le surnom de « Français », s'est ensuite piqué d'imiter Byron, et a rêvé toute sa vie de voyager à l'étranger. Il y a loin de ces influences extérieures dont l'œuvre de Pouchkine est le creuset au tournant réaliste des années 1840, dans lequel le jeune Dostoïevski a baigné, et qui troque les élégances à l'européenne contre la description sans concession des maux endémiques de la société russe.

Mais Dostoïevski a réponse à tout. Il oppose aux tonalités européennes de l'œuvre de Pouchkine un concept lui permettant d'en faire un pur poète russe : il invente l'*otzyvčivost'* – la capacité de « faire écho[1] » – qui constituerait le trait de caractère fondamental de l'esprit russe, doté d'une sensibilité extrême et donc susceptible d'absorber toutes les influences européennes pour les porter à leur comble. C'est ce mouvement qu'incarnerait Pouchkine, lui qui s'est rêvé en paisible poète classique français ou en bouillant *angry young man* britannique : buvard de l'art venu de l'Ouest, il transformerait ce dernier en une variante totalement singulière, parfaitement idiosyncrasique – et donc complètement opaque pour les cultures occidentales, dépourvues de la corde sensible qui caractérise le Russe. Pour Dostoïevski, cela signifie que la Russie n'est pas « en retard sur l'Occident », comme le suggèrent Tourguéniev et d'autres : elle est en fait parfaitement à sa place en bout de chaîne, puisqu'elle peut y recevoir des influences, avec la mission d'en dévoiler le sens véritable et de les renvoyer à l'Ouest dans une version devenue résolument nationale[2]. Le

1. Fiodor Dostoïevski, « Pouchkine » (1880), *Journal d'un écrivain*, traduit du russe par Gustave Aucouturier, Paris, Gallimard, coll. « Bibliothèque de la Pléiade », 1972, p. 1369.
2. Dostoïevski fait ainsi du trajet personnel de Pouchkine le miroir du cheminement de l'âme russe dans son ensemble, qui mène des personnages de déracinés comme l'Aleko des *Tsiganes* (1824), symbole du Russe déboussolé d'après l'européanisation du pays, jusqu'à la Tatiana d'*Eugène Onéguine* (1833), nourrie de romans français, mais résistant aux mauvaises leçons de la fiction étrangère pour rester fidèle à son bon cœur russe.

prétendu retard de la Russie est en réalité une supériorité, et il est lié à sa prodigieuse capacité d'être affectée par l'extérieur : c'est sur le territoire russe que se joue le stade ultime de la littérature, car sa mission n'est pas d'inventer, mais de rédimer. Dernière arrivée dans le concert des nations littéraires européennes, la Russie se découvrirait grâce à Pouchkine un rôle historique de premier plan.

Le discours sur Pouchkine est fondamental pour son contenu, mais aussi pour son geste qui consiste à produire la littérature comme une manière de réécrire le destin du pays : Dostoïevski procède littéralement ici à une « historicisation de la littérature », en lui conférant la puissance de produire un grand récit national dont la fonction n'est plus de consolider, mais d'inventer une place pour la Russie dans l'histoire. Mais ce rôle assigné à la littérature a ses effets pervers, pour ne pas dire catastrophiques.

D'abord, cette perception littéraire de l'histoire nationale, qui tire son efficacité de ses vertus consolantes, crée une perturbation supplémentaire dans le rapport déjà tumultueux que les Russes entretiennent vis-à-vis de la mémoire et de l'histoire. En effet, l'« historicisation de la littérature » débouche au présent sur une « littérarisation de l'histoire ». On n'évoquera pas ici la dimension de « narratif » que prend maintenant toute action politique, notamment en contexte de guerre et tout particulièrement en contexte de « post-vérité » : chacun a conscience aujourd'hui que les discours sont tissés d'ornements littéraires et d'effets de mise en forme. Le récit présidant à l'invasion à grande échelle de l'Ukraine n'échappe à cette règle : non seulement il s'adosse largement, on le sait, à la mémoire de la Grande Guerre patriotique, entretenue en URSS et en Russie par une vaste production littéraire, musicale et cinématographique, mais il est tramé de références directes à la littérature.

Cet entrelacement de la fiction dans l'histoire est ainsi au cœur de l'une des grandes *fake news* ayant préparé l'opinion russe à l'invasion de l'Ukraine : la légende urbaine, reprise par les médias russes d'État comme les réseaux sociaux, d'un enfant russe crucifié en 2015 à Sloviansk par des nationalistes ukrainiens a considérablement aidé à accréditer la thèse d'un « génocide » des Russes vivant dans le Donbass. Or on ne peut s'empêcher d'entendre dans cette mystification l'écho lointain d'une scène des *Frères Karamazov* (1879-1880) de Dostoïevski, roman de la souffrance enfantine, où un personnage au sadisme particulièrement subtil s'imagine contempler la crucifixion d'un enfant en mangeant de la compote à l'ananas. Décidément, en Russie, la fiction prend pied dans le réel, contamine la sphère médiatique et organise le cours de l'histoire.

Ce rapport littéraire à l'histoire se manifeste aussi dans la compulsion de répétition qui affleure dans cette guerre et saisit le régime, mais aussi une partie de la société. Marx avait beau prévenir que l'Histoire ne se répète jamais, ou seulement sous une forme dégradée et comique[1], de nombreux propos nationalistes entendus en Russie, suggèrent qu'il serait possible de la réitérer sans dommage : Galia Ackerman a par exemple étudié les slogans du « régiment immortel[2] », ces civils qui participent tous les ans à la parade de la Victoire

1. Dans son beau livre sur Babyn Yar, Jonathan Littell souligne brillamment ce paradoxe qui veut que le recours obsessionnel au passé éloigne en réalité du passé, qu'il empêche de percevoir que la répétition ne se fait pas à l'identique et qu'elle dénature ce passé en tentant de le rejouer au présent : « Aujourd'hui [...], c'est l'Ukraine prétendument "fasciste" qui rêve d'Europe, de démocratie et de liberté, alors que la Pologne, la grande victime de la Seconde Guerre, régresse sur tous les plans vers l'autoritarisme, le nationalisme étriqué et la bigoterie religieuse, et que la Russie, qui se drape dans le manteau des tombeurs du nazisme historique, sombre dans une vision mortifère, apocalyptique et quasi génocidaire, déchaînant sur l'Europe les démons dont tous pensaient avoir vu la fin en 1945. Cela veut dire quoi, tout cela, pour notre rapport au passé ? Qu'il est tout sauf figé, qu'il ne détermine pas toujours le présent, et que les enfants des tueurs d'hier peuvent se retrouver les héros ou les victimes d'aujourd'hui, de même que les victimes d'hier – et ceci ne vaut pas que pour les Russes – peuvent tout aussi aisément devenir les bourreaux d'aujourd'hui » (Jonathan Littell, Antoine d'Agata, *Un endroit inconvénient*, Paris, Gallimard, 2023, p. 246).

2. Galia Ackerman, *Le Régiment immortel, ou la guerre sacrée de Poutine*, Paris, Premier parallèle, 2019.

du 9 mai en portant des portraits des soldats tués au combat durant le conflit mondial contre l'Allemagne nazie – et parfois leurs uniformes. Dans ce « *cosplay* mémoriel », on entend souvent, rapporte la spécialiste, le vieux slogan qui suppose de « refaire Berlin », c'est-à-dire de reconquérir glorieusement toute la partie de l'Europe qu'avait libérée l'Armée rouge : le propos est ici symptôme de ce rapport consolant que peuvent avoir les Russes à l'histoire, ou plus exactement non à une expérience réelle de l'histoire, mais à un récit immuable qu'on se redit à l'envi et qui offre toujours la même issue heureuse, à l'image d'une fiction qu'on relit pour le plaisir et la consolation de retrouver la fin inchangée.

Beaucoup dans l'expérience russe de la guerre en Ukraine témoigne d'une volonté de reparcourir les pages de l'Histoire russe mythologisée – qu'elles soient glorieuses (comme lorsqu'une partie de la population russe croit son armée engagée dans une lutte contre des Nazis ukrainiens qui s'apprêteraient à déferler sur la Russie) ou honteuses (on a ainsi constaté en 2022 des vols de blé sur le passage de l'armée russe qui ont laissé penser que le pouvoir envisageait peut-être d'organiser une nouvelle famine en Ukraine, après celle orchestrée par Staline dans les années 1930 et restée une plaie vive de la mémoire ukrainienne sous le nom de Holodomor). On se trouve dans le « *temps de seconde main*[1] » qu'évoque Svetlana Alexiévitch et qui a fait de l'histoire et de la mémoire des terrains hautement politisés en Russie[2].

Cette « littérarisation de l'histoire » produit ainsi une conscience historique biaisée. Si les Russes vivent l'histoire comme un univers profondément marqué par le récit, certains d'entre eux assument volontiers qu'elle devienne un champ de visions et d'opinions concurrentes sur le monde. En Russie, on a parfois tendance à traiter les sujets historiques en points de vue : ainsi, une célèbre collection d'ouvrages académiques russe est intitulée « Pro et contra », d'après le nom d'un chapitre de Dostoïevski. Si cette collection était destinée à l'origine à accueillir des bilans critiques sur de grandes figures de l'art et de la littérature, elle s'est enrichie au fil des ans de nombreux titres sur des personnages historiques. Pas d'enquête historique minutieuse ici, mais une série d'avis au terme desquels on pourra se faire le sien. Êtes-vous pour ou contre Pierre le Grand ? Et l'anarchisme, *pro aut contra* ?

1. Il s'agit du titre original en russe de *La Fin de l'homme rouge*, texte de 2013.
2. Cf. Nikolay Koposov, *Memory Laws, Memory Wars : The Politics of the Past in Europe and Russia*, Cambridge, Cambridge University Press, 2017.

Ce perspectivisme est l'une des manifestations par lesquelles on constate que le peuple russe n'est guère encouragé à faire l'expérience objective de l'histoire, mais plutôt à la considérer sous l'angle de récits et d'interprétations. Cette posture est devenue la réponse et la tentative de démenti qu'apportent en général les défenseurs russes du conflit lorsqu'on leur parle de mensonges d'État ou d'exactions de l'armée : « *vsë ne tak odnoznačno* », « ce n'est pas si clair », ou plus exactement « tout n'a pas qu'un seul sens ». Il renvoie au fait que les images peuvent être manipulées, en bonne logique complotiste, mais aussi qu'*in fine* l'histoire ancienne ou immédiate n'est pas une réalité univoque : elle peut connaître plusieurs versions, donner lieu à des récits différents, selon que vous êtes Russe ou non. La « littérarisation de l'histoire » arrive ici à son comble, en ce qu'elle fait de l'histoire le lieu où combattent des fictions concurrentes, et où le Russe a tout intérêt à choisir sa propre fiction nationale, celle où il a le beau rôle.

« *Ton mode opératoire, poète russe, c'est l'écrit. Entre dans l'arène politique et tu seras maudit*[1] », écrit la romancière française contemporaine Diana Filippova : ce bel avertissement, sans doute la littérature russe ne peut-elle pas vraiment l'entendre. L'art y est devenu

1. Diana Filippova, *op. cit.*, p. 118

depuis plus de deux siècles une consolation personnelle ou une compensation historique, consolidant le mythe d'une culture qui sert de refuge et dont les fonctions existentielles et sociales se mêlent inextricablement aux aspects esthétiques. Mais cette consolation conduit *de facto* l'art dans l'arène du politique. Elle produit, on l'a dit, des perturbations dans la conscience historique. Mais plus gravement, elle empêche maintenant de faire le départ entre écriture contestataire et art soumis au pouvoir : en réalité, les deux partagent parfois la même croyance dans la mission rédemptrice de l'art et de la culture.

Ainsi, la romancière Svetlana Alexiévitch, qu'on ne peut soupçonner d'aucune compromission avec les pouvoirs russe ou biélorusse, décrit dans son discours de réception du prix Nobel de littérature ses « trois maisons » : la Biélorussie, pays de son père, l'Ukraine, celui de sa mère, et la « grande culture russe » constituée des romans et des œuvres d'art « russes » qui est un foyer sans lequel elle ne peut pas vivre[1]. L'idée est très belle : celle qui s'est confrontée à deux des régimes les plus dictatoriaux de la planète, a plongé dans toutes les turpitudes de l'expérience soviétique et post-soviétique, qui a interrogé les femmes ayant participé à la boucherie de la Grande Guerre patriotique

1. Svetlana Alexievich, « Nobel lecture », mis en ligne en 2015.

pour *La Guerre n'a pas un visage de femme* (1983) et les familles meurtries par l'épouvantable conflit afghan pour *Les Cercueils de zinc* (1989), continue de croire aux pouvoirs de l'écrit et au baume apporté par la culture. Contrairement à la célèbre formule d'Adorno déclarant qu'après Auschwitz toute poésie semble barbare, l'art est pour elle toujours possible et même nécessaire. Cet extrait du discours devant l'Académie Nobel permet de balayer une idée reçue sur l'œuvre d'Alexiévitch qui semble faire écho à la tendance documentaire de la littérature d'après-guerre[1] : en réalité, si son écriture se nourrit de témoignages, elle est traversée par l'idée non entamée de la supériorité de l'art et de la mission de l'artiste qui seul peut porter la voix des victimes.

Mais parler des pouvoirs de la « grande culture russe », c'est aussi réactiver l'idée d'un exceptionnalisme culturel venu en droite ligne de l'Empire russe et de l'institutionnalisation soviétique de l'art. Cette belle idée a donc son envers plus trouble. Il ne s'agit

1. Dans la lignée de la déclaration de méfiance d'Adorno, la littérature occidentale post-Shoah est marquée par l'idée qu'on ne peut plus pratiquer la littérature comme avant la guerre. La fiction et la recherche de la beauté semblent désormais des démarches non éthiques, puisqu'elles consistent à nier l'horreur de l'extermination et à remplacer la parole des victimes. Pour les remplacer, on utilise le document brut, comme dans la poésie de Charles Reznikoff ou les pièces de Peter Weiss, qui reprennent des fragments des procès de Nuremberg, d'Eichmann ou de Francfort.

pas de mettre en doute les bonnes intentions de l'autrice, qui sont incontestables, mais de relever une forme d'incohérence : dans ce texte qui date de 2015, Alexiévitch souligne la dérive d'un pays qui a choisi le culte de la force et de la mort – ce qui s'est traduit en 2014 par le début de la guerre en Ukraine, avec l'annexion de la Crimée et l'envoi de forces dans le Donbass pour soutenir les mouvements séparatistes. Son texte le dénonce avec puissance – puis vient cette formule de « grande culture russe », dans laquelle on imagine qu'Alexiévitch range des artistes issus du canon classique comme Gogol ou Répine, autant de figures dont on a dit que leur présence dans le canon « russe » n'était guère évidente, étant donné leurs liens avec l'Ukraine. Là où l'autrice rappelle le droit à la détermination des pays, là où elle défend la démocratie, sa conception de la culture procède d'une vision nettement héritée de l'imaginaire impérial : « russe » veut dire ici « russophone », l'adjectif convoque une entité culturelle unifiée – ce qui est précisément ce que les Ukrainiens contestent[1]. Les positions politiques impeccables d'Alexiévitch butent ainsi sur une forme d'atavisme dès qu'on parle de culture.

---

1. Voir par exemple sur ce point : Taras Kuzio, « Western Histories of Russia and Ukraine », *Crisis in Russian Studies ? Nationalism (Imperialism), Racism and War*, Bristol, E-International Relations Publishing, 2015, p. 9-36.

De même, Boris Akounine, grande figure contemporaine du roman russe et opposant de longue date à Vladimir Poutine, a fondé un mouvement qu'il a nommé « la vraie Russie[1] » (*True Russia*). On y trouve la *short list* des intellectuels et des artistes les plus engagés contre la guerre, comme le danseur Mikhaïl Barychnikov, la romancière Lioudmila Oulitskaïa ou le chef d'orchestre Vladimir Iourovski. Leur projet est de venir en aide aux réfugiés ukrainiens et de soutenir la vie démocratique en Russie et dans les communautés russes exilées : il est tout à fait louable et absolument inattaquable sur le fond. Mais sur la forme, plutôt que de se définir comme un groupe d'opposants, ils revendiquent le fait d'être la « vraie Russie », renouant avec le discours post-romantique qui fait des écrivains et des artistes l'émanation authentique d'une Nation et qui a connu, on l'a vu, un succès immense en Russie : c'est notamment en raison de ce discours qui place la littérature à l'avant-garde qu'elle a souvent servi de base idéologique ou d'éléments de langage au pouvoir, comme on l'a vu avec Orest Somov et la *narodnost'*. D'ailleurs, *True Russia* a très vite lancé un sondage en ligne : « Quelle œuvre explique le mieux la Russie ? », qui renoue avec l'idée que la littérature entretient un lien organique avec l'esprit d'une nation. « Moumou »,

1. https://truerussia.org/en/, consulté le 22 octobre 2024.

de Tourguéniev, cible des critiques de Zaboujko, y a obtenu le prix du public[1]. Dès lors, comment reconnaître le vrai du faux quand les libéraux et les réactionnaires s'accordent en réalité sur la fonction à accorder à l'art et sur le rôle primordial de la culture pour consolider la nation, sans que les premiers n'instaurent une distance critique vis-à-vis de conceptions qui ont parfois mené l'art du côté de la propagande et l'ont érigé en un instrument politique[2] ?

Cette dimension consolatoire de la culture russe a donc tout d'un bon *pharmakon*, à la fois remède et poison. Depuis le XIXe siècle, elle a servi en Russie à ériger l'art en une sorte de monde contrefactuel, où la construction historique et nationale se trouvait reflétée et réinterprétée en bonne part, pour mieux réinjecter ces lectures dans l'espace ordinaire et instituer la culture comme étai indispensable à la vie individuelle ou collective. Mais ce pouvoir de guérison peut aussi s'inverser en puissance néfaste : elle brouille la perception de l'histoire, elle entretient l'idée

1. Cité par Cécile Vaissié, *op. cit.*, p. 13.
2. La position qui consiste à se distancier radicalement de l'aura traditionnelle qu'a la littérature est néanmoins présente, mais minoritaire, dans le contexte russe : elle est notamment incarnée par les milieux littéraires féministes, qui sont enclins à engager un dialogue critique avec le canon et la figure vertueuse de l'artiste (voir Galyna Rymbu, Eugène Ostashevsky, Ainsley Morse (dir.), *Letter F : New Russian Feminist Poetry*, New York, Londres, Isolarii, 2020).

d'un exceptionnalisme russe dont le statut à part de la culture serait le stigmate, elle brouille les lignes entre les artistes opposés à la guerre et ceux qui la soutiennent. La « grande culture russe » a donc aussi ses effets secondaires.

Dans un article de son *Journal d'un écrivain* de septembre 1877 intitulé « On guérit d'un mensonge par un autre mensonge », Dostoïevski commente l'épisode de *Don Quichotte* où le personnage doute en lisant un roman de chevalerie : comment un chevalier pourrait-il tuer autant d'ennemis en une seule bataille ? La réponse de l'ingénieux hidalgo ne se fait pas attendre : c'est qu'en réalité, les ennemis qu'il combat sont des limaces qui ont l'apparence de chevaliers ennemis, d'où la facilité à les transpercer. Dostoïevski voit là un trait typique de l'âme humaine, et peut-être même la source de sa capacité fabulatoire, qui consiste, pour sortir d'une illusion, non à chercher à retrouver la réalité mais à inventer une autre illusion qui ne remet pas en doute le monde tel qu'on se l'imagine. Dostoïevski songeait-il à sa propre contribution à la pensée russe, lui qui, à l'époque où son pays rêve de grandeur, propose la fiction consolante d'une littérature qui peut tout réparer ? On voit en tout cas que cette fiction s'est disséminée dans l'espace culturel russe avec une grande efficacité.

Chapitre 4

« Un écrivain de talent, mais un salopard » (Staline) Littérature russe et éthique

Cette image idéalisée de la fonction compensatoire de la culture est allée jusqu'à Staline. S'il y a bien un homme d'État russe ou soviétique persuadé que son pays a un besoin vital de la culture, c'est lui. Là où Lénine, pourtant plus cultivé, se montre méfiant vis-à-vis des artistes et met rapidement fin aux rêves d'une avant-garde contribuant au triomphe du communisme, Staline pense que l'art aidera l'URSS à faire la différence. Lorsque le jeune auteur en vogue Mikhaïl Cholokhov veut publier son roman *De sueur et de sang*, Staline lit le manuscrit en trois jours, puis convoque le romancier devant l'ensemble des ministres du Soviet Suprême pour trancher sur le livre, qui paraîtra, très remanié, sous le titre *Terres défrichées*[1].

1. Gary Saul Morson, *Wonders confronts certainty*, Cambridge, Harvard University Press, 2023, p. 44.

Et il n'hésite pas à reprendre, au plus fort des purges, la tradition des jubilés pouchkiniens pour le premier centenaire de la mort du poète, en 1937. Mais s'il s'agit pour Staline d'utiliser le pouvoir de l'art, il faut parallèlement l'encadrer et souvent le réprimer : gare à ceux et celles qui rechignent à mettre leur plume, leur maillet ou leur pinceau au service du projet communiste.

Ce champ de la culture, Staline l'investit en dictateur, mais aussi en connaisseur : sa bibliothèque compte à sa mort 20 000 ouvrages, soit plus que celle de Hitler qui en possède 16 000[1]. Il ne s'agit pas d'orchestrer un concours entre ces deux figures historiques, mais de souligner que ces chiffres posent à nouveau la grande question du rapport entre la culture et le mal : comment se fait-il que des êtres instruits et cultivés soient capables de la cruauté sans limites dont ils ont fait preuve ? Ne devrait-on pas automatiquement être un humaniste quand on a autant de livres autour de soi ? Si cette question vous taraude, sachez que Staline y a déjà répondu. En lisant en 1931 la nouvelle *L'Aubaine* d'Andreï Platonov, le dictateur a ce commentaire qui dissocie *de facto* éthique et littérature : « *un écrivain de talent, mais un salopard.* »

1. Cf. Geoffrey Roberts, *Stalin's Library : A Dictator and His Books*, New Haven, Yale University Press, 2022.

La position de Staline est en réalité très originale dans le contexte russe. Car si on accorde au poète ou à l'artiste le statut de guide, cela signifie logiquement qu'il ne peut pas se tromper, et qu'il ne peut pas non plus errer sur le plan moral. Passe encore qu'il ait toujours raison, qu'il voit toujours plus loin : ce quasi-saint doit aussi être exemplaire. S'il ne l'est pas, l'histoire littéraire le construira comme tel, quitte à occulter certains aspects. Nous ne proposons pas ici de rétablir la vérité sur les artistes russes en produisant un tableau plus nuancé de leur comportement (pas de révélations fracassantes à prévoir ici !), mais de souligner ce processus qui associe profondément art russe et éthique, produisant cette alliance naturelle en un nouveau signe d'élection. Or, ce processus de constitution de l'art russe en réservoir éthique ne se contente pas d'escamoter les faits biographiques plus troubles. C'est attendu et ce n'est pas cela qu'il s'agit de reprocher à la Russie – quelle nation pourrait se vanter de ne pas héberger une bonne quantité de salopards dans les rangs de ses figures culturelles ? Le véritable problème de cette vitrine éthique est qu'elle sert d'écran, qu'elle contribue à faire disparaître un certain nombre de problèmes politiques posés par la culture russe, en particulier en contexte de guerre, en présentant l'art comme un champ au-dessus des normes ordinaires et uniquement en prise avec des questionnements plus élevés.

Pour illustrer cette occultation, retrouvons celui qui est le héros malgré lui de ces pages. Pouchkine fait commencer sa petite tragédie *Mozart et Salieri* par le vers célèbre : « *Le génie et la scélératesse sont deux choses incompatibles.* » Il y développe la légende rendue célèbre par le film *Amadeus* de Miloš Forman selon laquelle le médiocre compositeur italien Antonio Salieri aurait, par jalousie, assassiné Mozart qui lui faisait de l'ombre. À l'Italien besogneux et calculateur, le meurtre mesquin ; au jeune prodige, la spontanéité sans malice du génie pur. On oublie souvent que Pouchkine se voit aussi en Salieri : le texte lui est inspiré par sa propre jalousie envers Adam Mickiewicz dont il a pu admirer (et envier) la facilité d'improvisation lors d'un voyage du Polonais à Saint-Pétersbourg – on a bien compris que ces deux-là se livrent souvent dans leurs œuvres un duel à distance. Mais Pouchkine évoque aussi dans son texte l'étrange dissociation que le cas Mozart manifeste et que Forman a fort bien retranscrite : le musicien est aussi prodigieux que puéril, il compose un air merveilleux tout en concoctant des farces indignes et souvent son comportement ne semble pas égaler son destin musical. Et à cette aune, Salieri ne paraît pas si méchant que cela : s'il tue Mozart, c'est certes par envie, mais aussi pour sauver son génie de l'enveloppe corporelle indigne dans laquelle, allez savoir pourquoi, il est allé s'incarner.

Pourtant, dans la mythologie engendrée par la pièce dans l'espace russophone, ce n'est pas cet aspect que l'on retient : c'est l'image du génie candide broyé par les méchants et ce qui prouve le mieux la médiocrité de Salieri c'est, au-delà du caractère sèchement technique de ses œuvres, qu'il s'autorise le mal. Le parallèle avec le destin de Pouchkine, mort à 37 ans (35 ans pour Mozart), fait le reste et contribue à angéliser une image du génie à laquelle l'écrivain voulait au contraire restituer sa complexité. Cette fin prématurée va elle aussi faire les frais des besoins de produire une légende dorée de l'artiste, d'un artiste pour qui il ne peut y avoir de génie du mal. Ainsi de la rumeur tenace qui veut que Pouchkine ait été assassiné par le pouvoir, là où il est simplement (bêtement, aurait-on envie de dire) mort en duel pour une affaire d'adultère. L'histoire littéraire se fait ici volontiers complotiste, car un auteur ne peut pas mal faire – en l'occurrence prendre la mouche quand on met en doute la fidélité de sa femme.

La « mort du poète » – comprenez la mort tragique, inique, précoce et provoquée – est un thème classique de la littérature russe et surtout de son historiographie : elle démontre cette tendance à délier les artistes de leurs responsabilités pour en faire des héros. Outre le cas de Pouchkine, on retrouve ce motif au sujet de Mikhaïl Lermontov, également mort en duel, ou de Sergueï Essénine[1], qui s'est suicidé en 1925 : on incrimine souvent *a posteriori* un agent extérieur, l'État plus ou moins profond ou une conspiration plus ou moins homogène, de préférence incorporant les ennemis du jour. Le poète apparaît toujours comme une victime sacrifiée : c'est le terme de sa fonction messianique, car s'il a déployé dans ses œuvres une voix visionnaire, il est logique que sa mission de prophète s'imprime également dans son corps. Et si c'est le Mal qui est injustement venu à bout de lui, il devient facile de construire une opposition manichéenne où l'artiste devient l'incarnation du Bien.

C'est dire la sacralité qui entoure cette figure, mais c'est dire aussi à quel point cette tradition rend difficile d'évaluer les problèmes éthiques que posent parfois les œuvres de ces auteurs. Entouré de son auréole, voire de ses palmes de martyr, l'artiste russe ne peut dans aucun compartiment de son existence être, pour reprendre le terme employé par Staline, un salopard. Ici encore, il ne s'agit pas de dire qu'au contraire, les écrivains russes sont en fait tous des monstres, mais de souligner à quel point le regard sur la littérature et l'art

1. Cf. Daria Sinichkina, « Les portraits *post mortem* des écrivains russes, d'objets mémoriels à œuvres d'art », *La Revue russe*, n° 60, 2023, p. 8.

en général est codifié et conditionné pour faire saillir certains éléments – au détriment d'autres. Prenons un exemple contre-intuitif : Lermontov. Ce poète romantique est l'inventeur dans la littérature russe du motif du démon, à la fois séduisant et fatal : c'est dire s'il semble difficile d'en faire une figure angélique. C'est pourtant ce que l'on observe en suivant le parcours d'un texte qui a refait surface à l'occasion de la guerre en Ukraine.

Figure typique du second romantisme, désabusé, mélancolique et *dark*, Lermontov est mort à l'âge de 27 ans au Caucase, où il avait été envoyé pour un poème jugé séditieux – l'un des premiers, justement, à incriminer le pouvoir dans la fin de Pouchkine, et intitulé comme il se doit « La mort du poète ». Ce n'est pas ce poème-là que plusieurs figures culturelles ukrainiennes ont brandi pour dénoncer l'auteur, mais un autre, un texte de jeunesse, que les éditions scientifiques rechignent à intégrer au corpus homologué en raison de son caractère sexuellement explicite : « La Fille Uhlan ». Le poème date de 1834, Lermontov a à peine 20 ans lorsqu'il le compose : loin des méditations poétiques sur le destin contrarié de l'homme moderne qui deviendront plus tard sa marque de fabrique, il est alors un fringant jeune « junker » de l'armée russe, c'est-à-dire qu'il a carte blanche pour patrouiller les espaces de l'Empire, s'y conduire à sa guise et prouver qu'il est un homme. Il ne s'en prive pas, et contracte apparemment de mauvaises habitudes : à la fin de sa courte vie, alors qu'il se trouve relégué au Caucase, terrain d'une colonisation féroce, Lermontov prend la tête d'un régiment particulièrement coriace, composé de proscrits et de marginaux en tous genres, au sein duquel les comportements les plus extrêmes sont encouragés[1]. Toutes choses étant égales par ailleurs, c'est une espèce de milice Wagner avant la lettre.

Tout est donc déjà en place à 20 ans, comme le montre « La Fille Uhlan ». Le texte raconte l'arrivée dans un village perdu d'un escadron de soldats interlopes et ivres. Incités au pire par le plus repoussant d'entre eux, ils se livrent dans une étable au viol en réunion d'une jeune femme. Le lendemain matin, ils partent, et ne reconnaissent pas la figure décomposée qui sort à leur suite de la bâtisse, sale, couverte de sang, « *vidée, baisée de part en part* ». Ultime affront, le soldat qui l'a offerte en pâture à ses camarades lui lance un ironique « *Gloire à tes cendres, Tanioucha !* » et le quatrain final donne l'explication du titre du poème : à la suite de ce viol, la jeune fille aura pour toujours dans son village le surnom de « la fille Uhlan » – entendez

1. Cf. Myroslav Shkandrij, *Russia and Ukraine. Literature and the Discourse of Empire from Napoleonic to Postcolonial Times*, Montréal, McGill-Queen's University Press, 2001, p. 49.

« la fille à uhlans ». Le poème met donc en scène une agression d'une violence inouïe, mais aussi une mise à mort, sociale et symbolique. La jeune fille portera à vie le stigmate de ce contact forcé, alors que les uhlans sont déjà loin. Quant à la terrible sentence « *Gloire à tes cendres, Tanioucha !* », qui utilise le diminutif familier du prénom Tatiana et souligne la désinvolture des uhlans envers leur victime, elle détourne les codes funéraires par lesquels on rend hommage aux soldats tombés au combat pour inscrire les violences physiques dont la jeune fille est victime dans le cadre d'un conflit militaire : si elle est traitée, même ironiquement, en soldat, c'est bien le mécanisme du viol de guerre qui est ici décrit. Point de « repos du guerrier », mais une violence sexuelle intentionnelle et utilisée comme une arme directement destinée à terroriser et domestiquer les populations qu'on rencontre sur un terrain d'affrontement. De fait, le nom du village où elle a lieu évoque les Ingriens ou les Ijoriens, populations finno-ougriennes qui peuplaient le delta de la Neva au moment où Pierre le Grand l'a conquis pour y inaugurer sa nouvelle capitale, Saint-Pétersbourg, en 1703[1]. Lermontov ne peut ignorer ce contexte, tant

1. C'est une particularité de la Russie impériale que d'avoir pour capitale une cité, Saint-Pétersbourg, construite sur un territoire colonisé, ce qui donne lieu à un mouvement de « colonisation intérieure » (cf. Katya Hokanson, *Writing at Russia's Border*, Toronto, University of

le romantisme russe a exploré à la fois l'héritage des conquêtes de Pierre (à l'instar de Pouchkine dans *Poltava*, écrit cinq ans plus tôt) et les singularités de cette zone peuplées d'ethnies scandinaves et non russes[1]. En renommant par le viol celle dont le poème ne donne le prénom réel, Tatiana, qu'en creux, les soldats laissent l'empreinte de l'Empire là où ils passent ; en produisant sur le corps de la jeune femme des blessures qui appellent la comparaison avec un combat armé, les uhlans reproduisent et prolongent le geste de la conquête.

Le problème éthique réside ici d'abord, bien sûr, dans le texte lui-même. Car notre résumé n'est pas vraiment l'histoire racontée par le poème, qui évoque cet épisode avec gourmandise et hilarité. Lermontov y décrit ces soldats avec affection : le premier vers parle de « *notre escadron* » et on a tendance à considérer qu'il s'agit d'un texte à clefs, faisant référence à des camarades que Lermontov a côtoyés chez les junkers. Le poème est aussi délibérément grossier, déployant pour décrire les réalités physiques un humour qui

Toronto Press, 2008 ; Alexander Etkind, *Internal Colonization. Russia's Imperial Experience*, Cambridge, Polity Press, 2011).

1. Д. М. Шарыпкин, « Скандинавская тема в русской романтической литературе », *Ранние романтические веяния. Из истории международных связей русской литературы*, Науч. ред. М.П. Алексеев, Л., 1972, p. 96-167.

a dû sembler potache aux contemporains[1]. Si cette atmosphère viriliste accentue l'horreur que l'on ressent aujourd'hui à la lecture, elle contribue aussi à faire de ce viol une scène comique, qui mobilise les ressources de la pornographie la plus franche pour peindre les mœurs de la vie de garnison.

Le texte est, pour reprendre une image dostoïevskienne, à double tranchant : il mobilise un sujet extrêmement grave mais le traite d'une manière devenue pour nous, lecteurs contemporains, totalement inappropriée. Difficile de trouver incarnation plus évidente des violences sexuelles et coloniales à l'intérieur de l'Empire russe, là où, selon un préjugé commun à l'époque impériale et diffusé à l'échelle mondiale par le marxisme, l'expansion de l'Empire puis de l'URSS se fait sous l'égide d'une libre association et non d'une colonisation par la force. Mais difficile de ne pas voir que Lermontov ajoute à l'immense corpus de textes problématiques où le viol n'est pas perçu comme un sujet sérieux[2] : en aucun cas le poème n'est destiné à susciter la compassion envers la victime. Comment

1. Sur le corpus pornographique de la littérature russe du début du XIXe siècle, voir : Joe Peschio, *The Poetics of impudence and intimacy in the age of Pushkin*, Madison, The University of Wisconsin Press, 2012.
2. Cf. Véronique Lochert, Zoé Schweitzer, Enrica Zanin (dir.), *La Fiction face au viol*, Paris, Hermann, 2024, pour l'interrogation de la place du viol dans les fictions comiques, de la nouvelle au roman.

soutenir aujourd'hui la lecture d'un poème qui affiche si clairement sa sympathie pour le mal ?

On nous répondra que les auteurs ont le droit d'être des salopards et que toute une partie de la littérature tire sa valeur et son autonomie de la transgression. Mais c'est évacuer bien trop rapidement le sentiment de malaise spécifique que suscite le texte et qui s'explique autrement que par un simple jugement moral à l'emporte-pièce. Le poème en question rompt avec nos habitudes de lecture : il contrevient au pacte en cours depuis Aristote et qui suppose une indépendance entre le spectacle des choses réelles et leur représentation. Texte fondateur de la lecture en Occident, *La Poétique* explique que l'on peut ressentir du dégoût devant certaines actions et néanmoins aimer les voir figurées sur scène, notamment parce que cette figuration produit une purgation, un effet cathartique. C'est tout l'enjeu de la tragédie, qui n'a pas pour but de flatter nos passions pour le crime, mais de nous les faire passer – pour cela, elle recourt à l'exhibition du meurtre. Le texte de Lermontov est un cas-limite : si le jugement moral du lecteur s'alarme ici, c'est que l'utilité potentielle de cette représentation du mal est d'emblée mise en échec, car elle s'inscrit dans des valeurs que nous ne soutenons plus aujourd'hui – sauf pour ceux qui considèrent qu'il est légitime d'exercer la violence sur les civils d'un territoire occupé, comme le fait l'armée russe en Ukraine. L'effroi que suscite ce texte n'est donc en rien lié à de la pruderie qui forcerait à injecter de la moraline dans les lettres : il se situe au niveau de la lecture elle-même, dans un authentique malaise herméneutique lié à une situation de lecture devenue aujourd'hui intenable pour une majorité du public, qui ne peut plus tirer profit de cette représentation. Ici encore, pas de *cancel culture* à l'horizon : il ne s'agit pas de détourner le regard de ces textes, mais de rétablir un pacte de lecture viable, de proposer « *une nouvelle façon d'appréhender ces images*[1] » – un bon point de départ serait de se concentrer sur la « fille Uhlan » du titre, dont le poème orchestre à la fois l'exhibition sexuelle et la disparition en tant que personne.

Car l'un des principaux enjeux éthiques du poème est qu'elles n'existent pas, ces lectures critiques contemporaines qui permettraient au lecteur de faire face au texte, de le regarder avec épouvante mais sans détourner les yeux. La critique a jusqu'ici le plus souvent tenté de l'exclure du corpus autorisé ou de normaliser le traitement qui y est fait de la situation : dans les deux cas, il s'agit de ne pas entamer l'image d'Épinal d'un auteur au-dessus de tout soupçon. Aucun « *malaise dans la*

1. Iris Brey, *Le Regard féminin. Une révolution à l'écran*, Paris, Éditions de l'Olivier, 2020, p. 69.

lecture[1] », aucun dilemme herméneutique n'existe en effet pour la critique russophone, ce qui interroge sur les valeurs morales dans lesquelles celle-ci baigne, ou au minimum démontre la force de cette figure du grand auteur, susceptible d'anesthésier tous les inconforts produits par les oeuvres.

Le survol des études critiques consacrées à ce poème paraît aujourd'hui tout simplement stupéfiant : à notre connaissance, le mot « viol » n'y est tout simplement pas prononcé. La critique Alina Bodrova, représentante de la jeune garde des études sur l'écrivain, parle en 2015 d'« exploits sexuels » pour évoquer les actes de uhlans, avant de rappeler avec un sourire que le régiment du *junker* Lermontov comprenait 98 membres[2]. Si ce texte froisse certains, c'est que Lermontov y utilise un vocabulaire pour le moins imagé, plein de jurons et de mots grossiers qui contrastent avec son statut privilégié dans l'histoire de la littérature. On utilise ainsi cet argument pour marginaliser le poème (qui n'a jamais été publié du vivant de l'auteur) par

1. Nous renvoyons au titre d'un célèbre carnet de recherche : https://malaises.hypotheses.org/.
2. Алина Бодрова, « Телесный низ в юнкерских поэмах », Arzamas Academy, 5 février 2015. Voir également : Алина Бодрова, « (Не) академический Лермонтов : тезисы к изучению юнкерских текстов », *Дундуковские чтения. Материалы конференции памяти Академии наук (26 октября 2013 г.)*, М., Лабиринт, 2014, p. 66-78.

rapport à l'œuvre officielle : même l'immense critique formaliste Boris Eïkhenbaum s'emploie, dans sa biographie de l'auteur en 1924, à montrer que le texte appartient au genre pornographique et non érotique et qu'à ce titre il n'est pas digne d'intégrer le corpus officiel de l'écrivain. Et inutile de chercher ce poème en français : il ne figure pas dans les œuvres traduites, tant il contrevient à l'image du grand poète romantique pourchassé par le destin et versé dans l'interrogation métaphysique.

Deuxième stratégie : la normalisation. L'appareil critique dans l'édition de référence se contente de son côté d'identifier les figures réelles qui se dissimulent sous les épouvantables uhlans du poème et rappelle qu'il s'agit du texte préféré des amis de jeunesse de Lermontov : le poème devient un jeu mondain avec les pairs. Enfin, sur internet, le texte est parfois reproduit au côté d'illustrations douteuses qui montrent un soldat se promenant paisiblement avec une jeune fille au bord d'un chemin. Ce choix s'appuie sur deux vers énigmatiques au milieu du poème où, tout à coup, « *l'épouvante [de la jeune fille] s'évanouit, ses seins brûlants se mettent à frémir* », que l'on peut interpréter comme une ébauche de consentement éphémère ou comme une marque de sidération. Au-delà de ces deux maigres vers, le poème laisse assez de place aux cris et aux supplications de la malheureuse pour que la première hypothèse ne tienne pas longtemps la route. La romantisation de la violence doit céder la place à une explication plus embarrassante : le texte dévoile la violence primordiale à l'égard des femmes qui permet à Lermontov de se produire comme romantique.

Le personnage lyrique construit par Lermontov est une sorte d'incarnation faustienne, qui ne peut accéder à la connaissance que par l'expérience du mal et la transgression. Mais là où le Faust de Goethe était finalement sauvé par sa Marguerite, cette rédemption est interdite dans le système lermontovien, qui repose sur un pessimisme radical au sujet des relations genrées. Désire, et tu seras maudit : voilà la maxime des héros de l'auteur, représentés comme des figures semi-démoniaques qui veulent aimer mais ne sont capables que de causer le malheur de ceux et celles qui les entourent. Sois désirée, et crève : voilà ce qui est réservé aux figures féminines, toujours victimes de la passion du héros. Même les textes apparemment les plus anodins ne sont pas dénués de cette nuance sombre : ainsi de la ballade « La Princesse des mers », l'un des derniers poèmes de l'écrivain, qu'on donne souvent comme exemple de l'extraordinaire musicalité du vers de Lermontov.

L'histoire narrée par le poème est pourtant tout sauf douce : lors d'une promenade au bord de la mer, un fils de roi est appelé par une magnifique jeune fille à moitié immergée dans les eaux, qui lui promet l'amour. Il se saisit d'elle et la tire sur la plage pour montrer sa « proie » à ses amis. Las, l'effet est manqué, car le bas du corps de la femme est une queue monstrueuse : le jeune homme fait autrement son éducation, en comprenant que, décidément, l'idéal n'est pas de ce monde. Il regarde cette femme-poisson agoniser sur le sable, sans l'aider, et part habité par une mélancolie qui ne le quittera plus. Singularisé par le mal qu'il a commis en entrant en relation avec l'autre féminin, il est devenu « *l'esprit de l'exil* » qu'incarnent tous les protagonistes mâles chez Lermontov ; la merveilleuse fille du roi des mers n'est, quant à elle, plus qu'un cadavre.

Romantique de la seconde génération, plus désabusée que la première, et hanté par la figure de « *la mort du poète* », Lermontov ne peut plus croire au messianisme de ses prédécesseurs : chez lui, le poète se produit comme un sujet extraordinaire, capable de jeter un regard particulièrement aigu sur le monde, parce qu'il a commis une transgression initiale, en général au détriment d'une femme, ce qui provoque souvent la mort de cette dernière. Rapt qui substitue au dialogue amoureux la violence de la possession, conquête de la conscience au prix du saccage d'un corps féminin, accent mis sur le regard purement masculin dans le texte : « La Princesse des mers » a meilleure presse que « La Fille Uhlan », mais ces poèmes ne sont en réalité pas très différents. Cela prouve que le poème de jeunesse est tout sauf un *hapax*, une exception dans la production lermontovienne : il plante un décor qui, quel que soit le genre auquel Lermontov s'adonne, sert de base à tous ses textes.

On voit ici que ce qui est choquant, en sus du texte en lui-même, c'est sa destinée critique, qui tend à effacer les preuves d'un positionnement moral problématique de l'auteur : chez Lermontov, la violence envers les femmes est constitutive du statut d'auteur romantique. Faut-il l'effacer de l'histoire de la littérature pour autant ? Pas forcément, mais encore faut-il affronter cette réalité en face, là où des générations critiques ont préféré le draper dans les plis du manteau du grand poète visionnaire – ce qui permet de sélectionner le corpus jugé acceptable et d'esquiver les questions qui fâchent.

Heureusement, direz-vous, la critique littéraire occidentale, qui a l'habitude depuis le début du XXe siècle de travailler en dehors du mythe romantique de l'auteur immarcescible, est moins prédisposée à produire des hagiographies. Pourtant, les débats sur la culture russe qui ont eu lieu après le déclenchement de la guerre en Ukraine montrent que c'est loin d'être systématique[1]. Comme nous l'avons dit, de nombreuses voix se sont élevées pour défendre l'art russe, mais en reprenant une rhétorique souvent venue de Russie elle-même. Certains ont convoqué un paradigme déterministe, qui dédouane les artistes de prises de position interprétées comme nécessaires et non choisies dans le contexte où ils créent. Ainsi, l'art du XVIIIe siècle n'existe pas comme une pratique indépendante, les artistes y sont soumis à des mécènes et doivent se conformer à des normes contraignantes. Ainsi, nous l'avons dit, des écrivains du XIXe siècle collaborent avec le pouvoir, car ils considèrent qu'il est dans leurs missions de l'accompagner ou le guider. Ainsi, bien entendu, être artiste à l'époque soviétique est tout sauf une pratique qui met en œuvre une liberté créatrice totale. Dans un tel climat de sujétion, où pour survivre il faut dire ce que le pouvoir veut que vous disiez, peut-on incriminer qui que ce soit pour quoi que ce soit ?

1. Il faut bien entendu mentionner les initiatives qui ont émergé pour tenter de « repenser les savoirs » et « questionner les approches », pour reprendre le titre d'un colloque qui s'est tenu les 12 et 13 février 2025 sous l'égide des GDR EST et CEM : on songe notamment au réseau Coruscant, qui adopte une perspective décoloniale sur les études slaves, ou encore au séminaire Pétales coordonné par Catherine Géry et Marie Vrinat-Nikolov à l'Inalco.

Aussi efficace que soit ce paradigme déterministe, ce n'est pas celui qui est le plus souvent adopté. Plusieurs critiques lui préfèrent une forme de « saut de la foi » qui consiste à réaffirmer, envers et contre tout, que la littérature russe incarne le bien, qu'elle est capable de produire sur son lecteur un effet éthique, de l'encourager à la compassion, de développer en lui des tendances humanistes[1]. L'accusation se retourne ainsi en défense : cette violence russe qui fait des ravages, l'art russe peut la combattre. On a déjà cité les réponses faites à la condamnation formulée par Oksana Zaboujko à l'encontre du canon russe classique : si les soldats russes commettent des crimes, ce n'est pas parce qu'ils ont lu Dostoïevski, mais précisément parce qu'ils ne l'ont pas lu. L'art n'est pas le coupable, il est la solution.

C'est à un renversement similaire que se livre la spécialiste Cécile Vaissié dans son ouvrage *Face à Marioupol*. On sait que cette ville du sud de l'Ukraine, sur la route de la Crimée, est devenue l'un des trop nombreux symboles de la barbarie de la guerre : au milieu des 90 % de bâtiments détruits ou sévèrement

1. Parmi les exceptions à cette règle, on peut citer l'ouvrage d'Olga Medvedkova, qui cherche à penser la spécificité de la violence russe contemporaine à l'aune des grands penseurs occidentaux, et non exclusivement de la littérature ou de l'art russes : Olga Medvedkova, *Dire non à la violence russe*, Paris, À l'Est de Brest-Litovsk, 2024.

endommagés, son théâtre, où des centaines de civils s'étaient réfugiés, a été bombardé sans relâche par l'aviation russe en mai 2022, faisant environ 300 victimes, dont certaines n'ont jamais pu être sorties des décombres. Ce crime est devenu l'incarnation d'une interrogation morale qui taraude l'Occident depuis le nazisme : comment penser les rapports entre civilisation et barbarie ? Comment continuer à croire à la notion de culture au sens large *face à Marioupol*, c'est-à-dire devant une telle catastrophe ?

Cécile Vaissié répond que les deux derniers siècles de la littérature russe permettent au contraire de *faire face*. Elle revisite l'histoire de la littérature pour montrer que les œuvres constituent une réponse à ce problème en orchestrant une vaste protestation contre la violence et en manifestant une velléité d'en protéger les faibles. Se trouve ainsi réactivée l'idée que l'art russe est naturellement bon ; se trouvent disqualifiées les tentatives d'évaluer la part prise par le littéraire dans la constitution d'un discours de la grandeur qui a pu mener la Russie à des actions expansionnistes et meurtrières. Pouchkine ? Un défenseur de la cause paysanne, comme le montrerait la citation de l'*Ode à la liberté* de 1820 introduite par Vaissié – tant pis si le reste de l'œuvre ou les positions politiques du poète ne portent guère de trace de cet engagement. Un prophète aussi, puisqu'il « *cerne, mieux que quiconque, la nature du pouvoir russe* » dans sa pièce *Boris Godounov* – tant pis pour les générations de spécialistes de sciences politiques qui pensaient avoir un regard informé. Un opposant à Staline aussi, car « *il n'aurait ni approuvé, ni justifié*[1] » les purges de 1937 – tant pis s'il nous est impossible de le prouver. Quant au célèbre « Aux calomniateurs de la Russie » qui revendique le droit pour la Russie de disposer de ses voisins, il est qualifié de « *texte brillantissime* » : d'après l'autrice, « *le problème n'est pas que Pouchkine ait écrit cela. C'est que, au XXIe siècle, la Russie poutinienne cherche à se justifier par des arguments similaires*[2] ». *Exit*, le patriotisme ombrageux de Pouchkine que Mickiewicz épinglait ; effacé, son discours politique très nationaliste, que ce soit *de vivo* ou *post mortem*.

S'en suit une histoire de la littérature contrefactuelle, où les grands auteurs sont convoqués pour démontrer qu'ils auraient été aujourd'hui contre les atrocités de la guerre. Dans sa nouvelle « La cellule numéro 6 » où un psychiatre finit par rejoindre les fous qu'il soigne, Tchékhov condamne en réalité la sclérose politique de son pays. Par leur interrogation des frontières entre le Bien et le Mal, Tolstoï et Dostoïevski se dressent *face*

1. Cécile Vaissié, *Face à Marioupol. Deux siècles de littérature russe*, Rennes, PUR, 2024, p. 23.
2. *Ibid.*, p. 30.

à Marioupol. Par leur peinture humaniste des horreurs du Goulag, Soljénitsyne et Chalamov nous fournissent des armes pour lutter. Cécile Vaissié conclut : « *Tolstoï aurait été scandalisé par Prigojine et ses Wagner [...]. Ni lui, ni Tchékhov, ni Tourguéniev n'auraient approuvé Marioupol*[1]. » Impossible évidemment de le prouver, ils sont morts : c'est bien d'un saut de la foi qu'il s'agit.

Outre son aspect sophistique (on ne peut pas demander leur avis à des auteurs morts – et bien malin qui peut tabler sur leur réaction), cette position a l'inconvénient de reléguer au second plan une tendance pourtant fondamentale de l'art russe, qui consiste à douter du pouvoir moral de l'art. En quoi l'art nous délivre-t-il du mal ? Il ne guérit ni ne protège : comme le souligne Anna Akhmatova, « *nous savons maintenant qu'on peut tuer cinquante, cent personnes, et le soir aller au cinéma* ». Pourquoi ce « maintenant » ? Parce que l'expérience soviétique est passée par là. Elle a conduit par exemple la littérature à se retourner contre elle-même : la première protestation contre le potentiel éthique de l'art vient des artistes eux-mêmes, et en particulier ceux qui ont connu le goulag.

Pour Vaissié, l'expérience littéraire du goulag contribue au message humaniste et démocratique que l'art russe délivre dans son ensemble : ainsi, dit-elle, « *sans*

1. *Ibid.*, p. 79.

Chalamov, il est impossible de comprendre Prigojine, Poutine et le comportement criminel des Russes en Ukraine[1] ». Mais précisément, l'œuvre de Chalamov ne cesse de parler d'une faute de la littérature classique qui a dépeint l'incarcération comme un lieu où l'humain se révèle et où la rédemption est possible – il vise en particulier Tchékhov, Dostoïevski et Tolstoï qui ont tous décrit le bagne et tendent, au moins pour les deux derniers, à montrer que cette expérience peut être transcendée par la morale et par l'art. Les auteurs du goulag, même Soljénitsyne qui croit toujours aux pouvoirs du roman, sont légitimement beaucoup plus sceptiques sur ce point, ayant vécu une expérience de déshumanisation mettant sur la sellette toutes les valeurs ordinaires, donc la foi en l'art, la pensée et la culture.

Evguénia Ginzbourg raconte par exemple dans ses mémoires le cas d'un certain Kaldymov, directeur d'un camp, qui doit s'employer à remplir le plan d'exploitation agricole dans une région du Grand Nord où elle est emprisonnée avec d'autres femmes. Dilemme de l'administratif : les détenues sont de véritables cadavres humains, on ne peut pas compter sur elles. En même temps, leur contingent est constamment renouvelé : les purges battent leur plein. Leur vie n'est donc pas si importante. Il en va autrement du bétail, si difficile

1. *Ibid.*, p. 113.

à acheminer dans cette zone reculée. Qu'à cela ne tienne : Kaldyrov ordonne qu'on loge les femmes à l'étable, non chauffée, et qu'on mette les bœufs dans les baraquements, car ils comptent davantage que les détenues. Premier problème : Kaldyrov est philosophe de formation. Comment un homme de culture peut-il se livrer à un calcul aussi inhumain ? Deuxième problème : il est aveugle au premier. Ce n'est pas quelqu'un qui doit surmonter sa conscience morale : il serait horrifié qu'on l'accuse d'être un monstre et c'est tout naturellement qu'il met son intelligence dialectique au service de la mort de masse. C'est dire à quel point la culture n'est d'aucune utilité dans le contexte extrême du camp : elle ne vous protège pas de vous-même, et elle ne protège pas les autres. Même constat pour l'ingénieur Kisseliov de Chalamov : il commet les exactions les plus abominables, et pourtant c'est l'un des seuls hommes du camp à lire de la poésie, Pouchkine ou Lermontov. C'est dire pour Chalamov l'inutilité de cette littérature qui n'a précisément pas su empêcher le pire.

Chez Chalamov, l'art existe bien au camp, mais il ne sauve pas. L'auteur décrit la mort du poète Ossip Mandelstam dans sa nouvelle « Cherry Brandy » : durant son agonie, le poète compose des vers merveilleux, de la poésie d'autant plus pure qu'elle n'arrivera à personne – mais au moment de l'appel, ses camarades lèvent la main du cadavre encore chaud pour recevoir sa ration de nourriture. Voilà à quoi sert le poète au goulag. De même, Soljénitsyne décrit un groupe de savants qui se réunissent en séminaire pour échanger leurs connaissances alors qu'ils sont presque tous agonisants : leur résistance est réelle, mais ne peut suffire à les sauver de la morgue où ils partent les uns après les autres. Si la culture russe du XXe siècle nous adresse un avertissement, c'est aussi celui de sa propre fragilité, et non d'une puissance éthique et humaniste inentamée.

Un « saut de la foi » similaire peut être décelé chez le très respecté André Markowicz, écrivain et traducteur qui a fait paraître juste après le déclenchement du conflit un court libelle au titre provocateur : *Et si l'Ukraine libérait la Russie ?* L'auteur y imagine que la guerre pourrait provoquer le renversement du pouvoir en Russie par une révolte des citoyens. Mais la première partie du texte est une méditation sur la manière dont relire les classiques de la littérature russe aide à traverser ce conflit.

Quand Markowicz voit défiler les images tragiques de l'invasion à grande échelle sur un écran de télévision, c'est d'abord à *La Cerisaie* qu'il pense : dans la pièce testamentaire de Tchékhov, le splendide domaine de Lioubov Ranevskaïa, ce petit paradis sur terre percuté par une modernité rapace, se trouve quelque part en

Ukraine. Or pour l'écrivain et critique, cette cerisaie est surtout l'un des terrains où se joue la grande mythologie de la littérature russe, au sein de laquelle, selon lui, les écrivains n'ont de cesse de mettre en scène, avec l'espoir ténu de la contrer, une folie dévastatrice qui s'acharne contre les vies ordinaires : Tchékhov, qui faisait de sa vie « *une lutte contre le mensonge et la violence* », et son précieux jardin de cerisiers deviennent ainsi les figures tutélaires de cette esthétique où la fragilité des choses et des gens devraient, dans l'idéal, préserver de la violence caractéristique de la société et de l'histoire russes.

S'en suit une brève histoire de la littérature, comme le dit Markowicz, « *de hache en hache*[1] » : il convoque une série de scènes célèbres où les grands auteurs du canon manifestent leur attention et leur compassion envers les destins brisés en situation de violence extrême. Il y a la hache de Raskolnikov, qui devait permettre la réalisation des calculs géniaux de l'homme supérieur, et qui agit en réalité comme le signe de leur échec programmé – les bagnards enfermés avec le héros de *Crime et châtiment* s'étonneront de voir que l'étudiant aristocrate a utilisé leur arme à eux, une arme de paysan, pour son crime qui ne pouvait

---

1. André Markowicz, *Et si l'Ukraine libérait la Russie ?*, Paris, Seuil, coll. Libelle, 2022, p. 19.

que sombrer dans le *gore* et a emporté avec l'horrible usurière sa jeune sœur mi-débile, mi-bienheureuse et sans doute enceinte. Il y a la hache avec laquelle, en créant Saint-Pétersbourg en 1703, Pierre le Grand « *enfonce une fenêtre ouvrant sur l'Europe* » et engloutit, au nom du destin glorieux de la nation russe, la vie de milliers d'individus – à commencer par le personnage du *Cavalier d'airain* de Pouchkine, découvert mort au pied de la statue du grand homme. Il y a les haches de *La Cerisaie*, qui s'affairent déjà pour abattre les arbres du jardin alors que la maîtresse de maison déchue est toujours là, à contempler l'étang où, des années auparavant, s'est noyé son petit garçon. Et il y a évidemment toutes les haches symboliques qui ont fauché la vie des écrivains russes eux-mêmes, des poètes décembristes de 1825 à la génération moderniste où Alexandre Blok, Nikolaï Goumiliov ou Vladimir Maïakovski sont morts et enterrés avant que l'URSS n'ait dix ans.

C'est là que pour Markowicz se loge le potentiel naturellement éthique de cette littérature attentive à la souffrance du quotidien et habituée à combiner histoire littéraire et martyrologie. Il réactive ici ce paradigme qui caractérise la conception qu'ont les Russes de leur spécificité au sein de la *Weltliteratur* et que de nombreux critiques, de Michel Terestchensko à

Frédérique Leichter-Flack[1], ont explorée. Et nul doute que pour Markowicz lui-même, ce paradigme fonctionne. La littérature russe agit chez lui comme un prisme qui donne plus de chair aux désastres présentés par l'actualité : les atrocités de « maraudeurs de Boutcha » résonnent d'autant mieux sur le fond des viols et des pillages décrits par Pouchkine dans *La Fille du Capitaine*, où l'écrivain ressuscite les révoltes antinobiliaires menées par Émelian Pougatchiov à l'époque de Catherine II.

Mais ce prisme peut parfois sembler déformant. Markowicz ajoute sans sourciller à sa liste des poètes victimes du régime le nom de Lermontov. Pourtant, une existence marquée par le malheur, qui a consisté en l'occurrence à se draper dans le costume du poète maudit et à mourir jeune en duel, ne fait pas nécessairement de vous un auteur compatissant envers les autres : en témoigne le destin paradoxal de ce poète magnifique, que la propagande russe présente aujourd'hui comme l'inventeur des forces spéciales (*spetsnaz*) et qui a largement contribué à la mythologisation du soldat russe, allant jusqu'à décrire un

1. Michel Terestchenko, *Ce bien qui fait mal à l'âme*, Paris, Don Quichotte, 2018 ; Frédérique Lechter-Flack, *Qui vivra qui mourra. Quand on ne peut pas sauver tout le monde*, Paris, Albin Michel, 2015 ; Frédérique Lechter-Flack, *Le Laboratoire des cas de conscience*, Paris, Alma, 2012.

viol collectif comme un joyeux moment entre camarades. On ne s'étonnera pas, en revanche, que l'écrivain d'extrême-droite et soutien indéfectible du régime poutinien Zakhar Prilépine ait présenté Lermontov comme le plus grand de ces « *officiers et poètes russes*[1] » qui font d'après lui la gloire de la littérature nationale.

Bien sûr, Markowicz ne se place pas uniquement du côté des œuvres elles-mêmes : il dessine fort justement les contours d'un ensemble de pratiques culturelles propres à la Russie qui confèrent à la chose littéraire, au-delà de l'esthétique, un statut existentiel et éthique, notamment parce qu'elle devient un moyen de dénoncer la violence de tout type – depuis l'époque de l'URSS les oppositions manifestent à Moscou place Pouchkine, sous le regard de l'écrivain statufié. Mais précisément, parce qu'il dirige notre regard vers les appropriations et les usages pratiques de la littérature, Markowicz dévoile aussi le caractère utopique du salut imaginé dans son titre : cette puissance éthique de la littérature n'a pas démontré sa réalité concrète, puisque, si elle a été traversée par l'expérience des violences historiques, la littérature n'a pour l'instant pas sauvé la Russie de ses travers, aujourd'hui moins que jamais.

1. Zakhar Prilépine, *Officiers et poètes russes*, Genève, Éditions des Syrtes, 2019.

Sans aller vers des cas aussi extrêmes que celui de Lermontov, on peut aussi interroger la lecture parfois partielle que fait Markowicz des classiques qu'il convoque, au premier rang desquels figure son écrivain-fétiche, Pouchkine. Or, ce dernier a une pensée politique complexe, qui ne se réduit pas à l'image d'un poète opposé au pouvoir impérial au nom de la défense des « *humiliés et des offensés* ». Certes, l'écrivain détaille dans *La Fille du Capitaine* les horreurs de la révolte de Pougatchiov, mais son texte donne, comme l'a montré Marina Tsvetaïeva, une image fort sympathique du paysan insoumis, et il faut se tourner vers les travaux historiques rédigés par Pouchkine à la même époque pour trouver l'image d'un *leader* avide de sang. Certes, le poète brosse un portrait de Pierre le Grand en tsar de fer, à la fois dans *Le Cavalier d'airain* et dans *Poltava*, mais c'est au sein de poèmes qui tressent aussi des louanges à ses plus grandes réalisations, la construction de Saint-Pétersbourg et la victoire sur l'ennemi héréditaire suédois. *Poltava* porte d'ailleurs le nom d'une ville… d'Ukraine, ce que Markowicz omet de rappeler, de même qu'il passe sous silence le fait que Pouchkine contribue dans ce poème à forger la légende noire de l'hetman cosaque Ivan Mazeppa, figure repoussoir dans l'historiographie russe et totem ukrainien de l'indépendance.

Quant à la localisation ukrainienne de la Cerisaie, on peut certes y voir un écho terrible de la dévastation qu'a connue le territoire depuis 2022, mais cette simple mention suscite aussi un autre paradigme d'analyse. Dans *Culture et impérialisme* (1993), Edward Said, fondateur des études postcoloniales, proposait une lecture en profondeur de ce qui semble, dans *Mansfield Park* de Jane Austen, n'être à première vue qu'une simple mention géographique donnée en passant. En effet, on apprend au détour d'une conversation que cette demeure doit sa magnificence à un autre lieu, Antigua : les propriétaires tirent leurs richesses de l'exploitation d'esclaves. Said s'appuie sur cette mention pour démontrer, non seulement que le roman classique est économiquement solidaire d'un système d'oppression raciale, mais aussi qu'il vise à naturaliser ce modèle : l'impécunieuse protagoniste Fanny Price va par le mariage devenir la maîtresse de ce fameux domaine disposant d'une antenne en terre de servitude. Avec cette héroïne carnassière qui s'apprête à s'approprier ce qui n'est pas à elle, comme le font les colons, on est bien loin de la fiction inoffensive à laquelle on réduit souvent l'œuvre de Jane Austen. Le texte procéderait selon Said à une naturalisation de l'esclavage en mettant le lecteur en position de suivre, *via* l'intrigue amoureuse, un processus d'expropriation et de se réjouir de son succès.

Quel rapport avec *La Cerisaie* ? C'est que la pièce est aussi le récit d'une expropriation. Lioubov Ranevskaïa doit vider la place et céder sa maison à Loujine, un ancien serf qui s'est enrichi et veut faire fructifier le domaine en y installant une espèce de village de vacances. Et cette expropriation aussi se fait sur fond colonial : Ranevskaïa est une aristocrate dont la déconfiture financière est due fait que sa famille ne peut plus, depuis l'abolition de 1861, profiter gratuitement du travail de ses paysans. Loujine, au contraire, est issu du servage : sa famille a été juridiquement rattachée à cette zone pendant des générations, et il en est peut-être issu ethniquement. Mais ce que raconte l'histoire, c'est que l'achat de la Cerisaie par Loujine est contre-nature, alors que, très littéralement, ce dernier récupère ainsi sa propre terre que des colons probablement russes se sont appropriée avant de réduire sa famille en servitude. L'analyse de Said de la naturalisation d'une relation politique et juridique dissymétrique serait bien plus claire appliquée à la pièce de Tchékhov (pourtant né d'un père serf à Taganrog, tout près de l'Ukraine), qu'au roman d'Austen : le destin de l'aristocrate y est présenté comme une tragédie et Loujine comme un usurpateur. Difficile de déterminer avec certitude le fond de la fiction de Tchékhov, si labile et prompte à échapper à l'interprétation – mais on voit que, contrairement à ce que suggère Markowicz, la présence de l'Ukraine dans la pièce n'est pas nécessairement le signe d'une conscience du mal à venir.

Car si elle est la première à être nommée dans le titre de l'essai, l'Ukraine en est paradoxalement la grande absente. L'approche de Markowicz semble ici en contradiction avec son propos, qui fait de l'œuvre des écrivains russes une vaste invitation à l'empathie : l'invasion de l'Ukraine est pour l'auteur une occasion renouvelée de scruter le destin de la Russie, d'en relire les grands auteurs, d'en imaginer la rédemption tant espérée. Servirait-elle donc un but plus haut, celui de sauver l'agresseur – au risque de détruire l'agressé ? On retrouve là, paradoxalement, la logique du « un mal pour un bien », ce trafic d'éthique mis en place par le romancier Nikolaï Tchernychevski au milieu du XIXe siècle dans son roman *Que faire ?* (1863), légitimant le recours à la violence politique au nom du bien commun, et auquel toute l'œuvre de Dostoïevski est une réponse horrifiée. À la décharge de Markowicz, on aurait de toute façon bien du mal en cette circonstance à lire les grands auteurs ukrainiens, si peu traduits en français, tant la littérature ukrainienne pâtit de l'aura gigantesque de sa voisine. Mais c'est sans doute une raison de plus pour ne pas reconduire un regard russocentré en temps de guerre – ou plus exactement en temps « d'invasion totale du territoire », selon la terminologie en cours en Ukraine, puisque la guerre, elle, a débuté en 2014 avec l'annexion de la Crimée et les tentatives d'appropriation du Donbass dans un conflit qui a fait près de 15 000 morts jusqu'en 2022. Et réitérer la mythologie de la littérature russe comme laboratoire des cas de conscience a aussi ses dangers : à trop vouloir lui conférer des vertus conjuratoires, on risque de la convertir en simple fétiche.

Ce qui est le plus surprenant, au fond, est que Markowicz a lui-même souligné, tout au long de sa carrière, certains points de friction entre littérature russe et éthique. Ainsi, alors même qu'il a mené l'immense chantier de la retraduction de l'œuvre en prose de Dostoïevski, remettant durablement sur le devant de la scène un romancier dont l'œuvre pâtissait d'adaptations caduques en français, il s'est toujours refusé à traduire *Le Journal d'un écrivain* : cette chronique tenue par Dostoïevski dans un périodique, et qui n'est donc pas un journal intime, regorge de propos antisémites et d'imprécations nationalistes. Markowicz souligne aussi qu'il n'est pas si facile de tenir le roman à distance de ces malaises de lecture : on songe au passage des *Frères Karamazov*, le dernier roman de l'auteur, où Liza s'entretient avec Aliocha, le seul des frères qui semble authentiquement moral. Dans ce livre qui regorge de récits de tortures d'enfant, elle évoque la mort par crucifixion d'un petit garçon de quatre ans à qui on a coupé les doigts et qui n'a, *dixit* son meurtrier au tribunal, mis « que » quatre heures à mourir : c'est dire l'immense manque d'empathie de l'assassin. Mais ce dernier, dans le récit de Liza, est un Juif : la jeune fille demande anxieusement à Aliocha s'il est vrai que les Juifs volent des enfants et les égorgent pour fêter Pâques. Et Aliocha répond : « *Je ne sais pas.* » Pourquoi ce personnage, qui représente la foi et la bonté, ne répond-il pas par la négative ? Pourquoi entretient-il cette légende qui a causé tant de pogroms, notamment à l'époque où écrit Dostoïevski ? En l'absence de réponse claire, le lecteur reste avec son trouble moral, et le soupçon que l'antisémitisme dostoïevskien a contaminé aussi le corpus romanesque. Tout ceci, Markowicz le sait mieux que personne – pourtant, au moment où la littérature russe est attaquée, c'est à ce motif de la puissance éthique qu'il recourt, presque de manière réflexe.

C'est sans doute un effet de la panique morale qui a suivi l'invasion russe dans les milieux culturels russophones et russophiles et qui ont poussé beaucoup à se défendre à tout prix. Mais on voit au terme de ce parcours que la remise en cause du canon classique russe ne se fait pas au nom d'une moralisation des lettres : ce ne sont pas tant des questions de morale qui ont été soulevées que des questions de politique[1]. Représenter de manière comique un viol n'est pas un problème simplement parce que cela choque les bonnes mœurs. Chez Lermontov, « La Fille Uhlan » interroge en raison de la résonance politique de cet acte de violence accompli sur une femme probablement colonisée, et de la manière dont Lermontov l'inscrit dans un discours masculiniste de la toute-puissance. C'est le viol comme problème politique que fait ressurgir le texte. Par contraste, personne n'a remis en cause les œuvres de Boris Savinkov, écrivain-terroriste du début du XXe siècle, de même que personne ne propose de ne plus lire de tragédie parce que ce genre représente des actions immorales. Et depuis quarante ans que l'on a emprunté le virage de l'*ethical turn*, on peut désormais avoir la certitude qu'aborder la littérature par le prisme éthique ne revient pas à rayer de la carte les auteurs qui ont péché ou fauté, mais contribue à prendre en compte les sentiments des lecteurs dans la manière d'interpréter les textes.

En revanche, si personne n'interdit de lire et d'étudier le canon russe, il faut prendre garde à ce que son aura ne devienne pas un écran. L'articulation entre

1. Sur cette distinction, voir le bel article de Lucien Derainne, « Quelle théorie pour répondre à la moralisation de la littérature ? », débat critique dirigé par Victoire Feuillebois et Bertrand Marquer, *Romantisme*, n° 207, 1/2025, p. 142-150.

art et éthique construit dans la culture russophone contribue, de manière paradoxale, à produire un rapport non éthique aux œuvres d'art : puisque les artistes sont forcément des génies et des saints, puisqu'ils ne connaissent que des fulgurances et pas de zones d'ombre, il n'y a pas de place pour l'autre. Nous lisons pour devenir, provisoirement, autre, pour entendre d'autres histoires, visiter d'autres lieux, d'autres siècles. Mais face à la culture russe, à son ambition existentielle, à l'engagement total de ses artistes, il ne peut pas y avoir d'envers : pas de Polonais furieux qu'on leur dise que « Aux calomniateurs de la Russie » est brillantissime, pas d'Ukrainiens qui ne veulent plus habiter rue Pouchkine, pas de femme lassée de servir de matériau pour produire la figure du grand poète. C'est ainsi que Oksana Zaboujko demande des comptes à Tolstoï concernant sa phrase célèbre « *Il n'y a pas de coupable en ce monde* », incitation à comprendre et à pardonner même ceux qui ont commis le mal : *quid* des victimes effectives des meurtres et des violences ? Est-ce qu'elles ne comptent pas ? Doivent-elles passer par pertes et profits pour permettre à Raskolnikov de connaître le salut, et à Dostoïevski de passer pour un auteur éthique ? Quelle valeur a ce potentiel humaniste s'il revient *de facto* à nier l'autre ? La véritable attitude morale ne serait pas de la chercher dans les œuvres ou dans leurs effets, mais de donner de la voix à ces figures minorées, à ces autres de la littérature russe oblitérés dans la construction d'un canon concentré sur l'affirmation de sa propre grandeur. Et qu'on se rassure : il ne s'agit pas d'une perte, puisque l'art s'enrichit dès lors de toute une population de personnages, d'œuvres et d'artistes qui étaient restés jusque-là dans l'ombre.

Conclusion

La culture russe, ni Dieu, ni traître

Dans le contexte contemporain où des statues d'écrivains tombent en Ukraine, tandis qu'aux États-Unis on brûle des livres et on purge des bibliothèques, tout devrait nous porter à croire que la culture est irrémédiablement devenue un terrain d'affrontement, où va se révéler la polarisation extrême des sociétés, des nations et peut-être même des civilisations. Mais la question « Faut-il brûler Pouchkine ? » avait pour but d'inciter à une certaine distance critique. D'une part, nous avons tenté de montrer que l'impression que la culture russe était partout combattue après le 24 février 2022 était très largement démentie par les faits : partout dans le monde, on continue de lire, d'écouter, d'apprécier les grandes figures culturelles russes. D'autre part, une relecture au prisme des événements contemporains de la grande dimension politique, esthétique, éthique dont s'est chargé l'art russe ne revient pas à le jeter aux orties : au contraire, c'est une occasion de le regarder à nouveau, différemment, et d'élargir ce regard pour enfin voir ce qui dépasse du canon.

La critique a dans ce contexte un rôle fondamental à jouer : sa tâche n'est pas de dire si la culture russe est un cloaque ou si elle sauvera le monde, mais de comprendre ce que ces différentes positions signifient, comment elles engagent des valeurs et signalent dans quel environnement théorique et social nous évoluons. C'est ce qu'a tenté ce livre en proposant une généalogie des croyances sur l'art en Russie au moment où celui-ci est le plus contesté. Engager une telle investigation généalogique permet aussi de répondre aux inquiétudes suscitées par les relectures contemporaines du passé : il ne s'agit pas de l'occulter, mais de montrer ce que nous ne voyons plus parce que le passé a produit ce qui est devenu notre présent. L'enjeu est de dénaturaliser – non, la culture russe n'est pas naturellement ceci ou cela, tout est le résultat d'un processus de construction critique et théorique – mais aussi de transmettre.

C'est un reproche souvent adressé à ceux qui en veulent au canon : est-ce qu'au nom du respect de notre sensibilité, on ne brouille pas les repères des générations futures en faisant disparaître des pans d'histoire ? Ne prend-on pas le risque d'être injuste envers le passé, mais aussi d'hypothéquer l'avenir ? Mais l'histoire n'a jamais détruit le passé : elle permet simplement de ne pas l'appréhender comme un mythe, et donc, à terme, de percevoir notre propre époque comme, elle aussi, historique, relative et située. On a donc tout intérêt à valider les émotions et sentiments contemporains comme ceux qui président à la grande critique adressée à l'art russe, plutôt que de les considérer comme faux et barbares : ils nous permettent de mieux réfléchir et de mieux (nous) comprendre.

Sans doute le mot de la fin doit-il revenir à Anna Akhmatova, grande poétesse du XXe siècle qui a vu de près les purges et les exécutions et tempère dans le même mouvement la foi dans la grandeur de la culture russe et la critique contre le canon classique formulé par ses contemporains victimes de persécutions : « *Dostoïevski savait beaucoup de choses, mais pas tout.* » Beaucoup de choses, parce qu'il ne fait aucun doute que la culture russe regorge de figures majeures, splendides, engagées dans l'art comme dans la vie. Mais pas tout, tout simplement parce que ce n'est pas ce qu'on demande à un auteur. De manière très précieuse, et très rare dans le contexte où elle s'insère, Akhmatova offre une voie libératrice à l'art russe : celle de la normalisation, qui ferait de lui un art plus ou moins comme les autres, singulier par sa configuration spatiale et historique, mais similaire quant au statut qui lui serait accordé dans l'espace social.

De manière paradoxale, cette voie, Pouchkine l'avait déjà esquissée en son temps, lui qui ne mâchait pas ses mots face à l'art de son époque, qu'il jugeait très sous-développé (sans tolérer pour autant qu'un autre que lui formule les mêmes reproches). Et en composant « Aux calomniateurs de la Russie », il avait à l'origine doté son poème d'une épigraphe en latin : *vox et praeterea nihil*, des mots et rien de plus. Sous sa plume, la citation latine visait en réalité les députés français qui s'étaient émus du sort de la Pologne, prédisant que leurs protestations, en bon babil démocratique, n'iraient pas plus loin que les murs de l'hémicycle. Mais ces mots pourraient aussi renvoyer le poème à ce qu'il est : des mots, et rien de plus, sans aura prophétique, sans action transformatrice sur le monde, comme est ordinairement considérée la poésie en régime moderne, en dehors du prestige légitime mais bien amoindri dont jouissent souvent les artistes.

Et il y a peut-être là un dernier enjeu éthique, qui repose entièrement sur le lecteur et qui permet de rendre à Pouchkine sa liberté : ne pas le considérer uniquement comme une icône, ne pas prendre ses poèmes pour parole d'Évangile, c'est aussi lui restituer une part généralement escamotée par la critique, celle qui fait que Pouchkine se vit aussi comme l'autre, le saltimbanque, l'assassin, le besogneux, qu'il doute et déprime à peu près aussi souvent qu'il se drape dans les habits du poète inspiré. Il donne à cet égard une image de lui bien plus aimable que celles que les trolls poutiniens veulent produire du grand poète. Alors, faut-il brûler Pouchkine ? Cela dépend de nous.

Remerciements

Ce livre a été écrit dans le cadre d'une délégation *junior* à l'Institut Universitaire de France. Il a reçu pour sa publication le soutien de l'Institut. Il a également été alimenté par les recherches menées dans le cadre de l'ANR ArtAtWar (ANR-24-CE54-3912-01).

Même lorsqu'il est destiné à un plus vaste public, un livre de recherche ne s'écrit jamais dans une tour d'ivoire. Celui-ci a directement bénéficié de l'atmosphère féconde de deux structures qui accueillent beaucoup de mes travaux, la Société des Études Romantiques et Dix-neuviémistes (SERD) présidée par Jean-Claude Yon et l'Institut Thématique Interdisciplinaire LETHICA (Littérature, éthique & arts) coordonné par Anthony Mangeon. Il doit aussi énormément à l'ensemble de notre vibrante communauté de slavistes. Mes remerciements les plus chaleureux vont à Catherine Géry et Emilia Koustova, figures aussi inspirantes que bienveillantes ; à Kateryna Tarasiuk et Olena Polovynko, qui m'ont appris beaucoup de ce que je sais sur l'Ukraine ; à Nicolas Aude, Karen Haddad, Cécile Gauthier et Delphine Rumeau, qui me rappellent que la littérature russe ne se donne jamais aussi bien à voir que de l'extérieur ; à Riva Evstifeeva et Dimitri Koudriachov, pour les multiples curiosités bibliographiques qu'ils débusquent et qui me renseignent si bien sur le livre en Russie ; à Svetlana Gofman, pour sa connaissance du monde théâtral russe contemporain et à Jules Sergei Fediunin pour sa générosité à partager des concepts politiques ; à Isabelle Ost, qui m'encourage à croire que la théorie littéraire sauvera le monde ; à Bertrand Marquer, qui me rappelle qu'il ne faut pas avoir honte d'être spécialiste du XIXe siècle ; à Pascal Maillard, qui me rappelle qu'il faut rester toqué de littérature contemporaine ; à l'équipe de l'ANR ArtAtWar, qui a accepté de regarder ce que la guerre fait à la littérature russe ; à Olivier Azam, qui a été mon professeur avant d'être mon collègue ; à Sergueï Zenkine, qui met son intelligence aussi au service de la lutte contre l'invasion ; à mes collègues strasbourgeoises Monica Manolescu, Evelyne Lesigne-Audoly, Julia Putsche-Fischer, Britta Benert, Ana-Maria Gîrleanu-Guichard, Sandra Schaal, entres autres, qui font de notre faculté un lieu de partage et d'épanouissement intellectuel. Ce livre a été encouragé et alimenté par de passionnantes conversations avec Marina Skalova, Neda Nejdana et Luba Yakymtchouk. Je suis immensément redevable à mes étudiants du département d'études slaves de l'Université de Strasbourg, dont tous ceux arrivés en urgence d'Ukraine et de Russie depuis 2022 et qui nous apprennent à faire rimer intelligence et résilience. Enfin, ce livre a eu la chance de croiser la route de Marie Bellosta, éditrice exceptionnelle et fine connaisseuse de la littérature russe.

Composition et mise en pages
Nord Compo à Villeneuve-d'Ascq

L'éditeur de cet ouvrage s'engage dans une démarche éco-responsable
en utilisant des papiers issus de forêts gérées durablement
www.cnrseditions.fr

Cet ouvrage est imprimé avec des encres végétales
sur papiers certifiés PEFC, Clairbook 80g/m^2 pour l'intérieur
et Papier Inapa création tradition ivoire clair 250g/m^2 pour la couverture.

IMPRIM'VERT®

PEFC/10-31-1510

Achevé d'imprimer en mars 2025 par Corlet — 14110 Condé-en-Normandie
Dépôt légal : mai 2025 — N° d'imprimeur : 25030634 — *Imprimé en France*